《般舟三昧經》
「除睡眠」之研究

釋覺心 著

中華佛學研究所論叢 56

通序

聖嚴

　　中華佛學研究所的前身是中國文化學院附設中華學術院的佛學研究所，自 1968 年起，發行《華岡佛學學報》，至 1973 年，先後出版了三期學報。1978 年 10 月，本人應聘為該所所長；1980 年 10 月，發行第 4 期《華岡佛學學報》。至 1985 年 10 月，發行到第 8 期之後，即因學院已升格為中國文化大學，政策改變，著令該所停止招生。於是，我假臺北市郊新北投的中華佛教文化館，自創中華佛學研究所；1987 年 3 月，以年刊方式，發行《中華佛學學報》，迄 1994 年秋，已出版至第 7 期。這兩種學報，在現代中國的佛學研究史上，對於學術的貢獻和它所代表的地位，包括中國大陸在內，應該是最有分量的期刊了。

　　本所自 1981 年秋季開始，招收研究生，同時聘請專職的研究人員。1986 年 3 月，便委託原東初出版社現為法鼓文化出版了研究生的第一冊研究論集——惠敏法師的《中觀與瑜伽》；1987 年 3 月，出版了研究生的第一冊畢業論文——果祥法師的《紫柏大師研究》；1989 年 5 月，出版了研究生的第一冊佳作選《中華佛學研究所論叢》，接著於 1990 年，出版了研究員的研究論著，曹仕邦博士的《中國佛教譯經史論集》及冉雲華教授的《中國佛教文化研究論集》。到目前為止，本所已出版的佛教學術論著，除了東初老人及我寫的不算之外，已達二十多種。

　　本所是教育機構,更是學術的研究機構;本所的教師群也都是研究人員,他們除了擔任授課工作,每年均有研究的撰著成果。本所的研究生中,每年也有幾篇具有相當水準的畢業論文,自從 1989 年以來,本所獎助國內各大學碩士及博士研究生的佛學論文,每年總有數篇很有內容的作品。同時,本所也接受了若干部大陸學者們的著作,給予補助。這四種的佛學著作,在內容的性質上,包括了佛教史、佛教文獻、佛教藝術、佛教語文、佛學思想等各方面的論著。

　　由於教育、研究以及獎助的結果,便獲得了數量可觀的著作成品,那就必須提供出版的服務。經過多方多次的討論,決定將這些論著,陸續精選出版,總名為「中華佛學研究所論叢」(Series of the Chung-Hwa Institute of Buddhist Studies,簡稱 SCHIBS)。凡本所研究人員的專題研究、研究生的碩士畢業論文、本所舉辦的博碩士徵文、大陸學者的徵文、特約邀稿,及國際學術會議論文集等,透過中華佛學研究所編審委員會嚴格的審查通過,交由法鼓文化事業以此論叢名義出版發行。本所希望經由嚴格的審核程序,從各種來源中得到好書、出版好書,俾為佛教學術界提供好書。

　　出版「中華佛學研究所論叢」的目的,除了出版好的學術作品,更是鼓勵佛教研究風氣,希望由作者、讀者中能培養更多有志於佛教學術研究的人才。此外,更期望藉由本所與法鼓文化合作出版的學術論著,與國際各佛學研究機構的出版品相互交流,進而提高國內佛教研究的國際學術地位。

1994年7月30日序於臺北北投中華佛學研究所

推薦序

　　本書是一部以研究初期大乘佛教重要經典《般舟三昧經》為主的專著。此經於後漢時期被支婁迦讖（147－246）帶到中國，並且進行漢文翻譯工作，於靈帝光和二年（179）完成。

　　《般舟三昧經》又稱《十方現在佛悉在前立定經》，內容記載著修般舟三昧之行者成就時，即可見十方現在佛立於眼前。最早被認定修此般舟三昧法門的淨土高僧乃東晉時期廬山慧遠（334－416），其經中記載有阿彌陀佛的文獻，所以被稱為是淨土經典的先驅而備受注目。此行法流傳至隋時期，被天台智顗（539－598）融入其所主張的四種三昧（常坐三昧、常行三昧、半行半坐三昧、非行非坐三昧）之中的常行三昧。之後善導（613－681）、慧日（680－748）、承遠（712－802）、法照（？－821？）等高僧相繼發揚此行法，甚至還流傳到海外的日本。

　　一般佛教徒對般舟三昧的行法，都只知道三個月期間不睡眠的修法，而自古以來真有不少人也如此修持。但是本書作者對「三個月不睡眠」抱持著疑惑：經典上真的這麼說嗎？還是後人解讀上誤解而造成的？因此作者為了釐清自己的疑惑，將此經做了深入探討，考察比對漢譯、藏譯、現代譯本，試圖找出自己疑惑的答案。

　　作者將此書分六章：第一章緒論；第二章《般舟三昧經》之傳譯與實踐；第三章《般舟三昧經》「除睡眠」之詞義考；第四章《般舟三昧經》「除睡眠」與「頭陀」的關係；第五章

以「不睡眠」做為「般舟三昧」行法之源流;第六章結論。書中將《般舟三昧經》的修行目標與架構,勾畫成一幅「禪修地圖」,有助於讀者能快速地對此經的理解。作者透過探討「除睡眠」之詞義的考察,及釐清一般人對「頭陀苦行」是不睡眠的誤解,來澄清般舟三昧行法,不是常行不睡眠,而是要去除睡眠蓋,方能證得般舟三昧。

　　全書作者文辭簡潔流暢,所提出的論題清晰,所主張的見解確鑿有力,值得推薦給對此經有興趣的讀者閱讀。

2020年3月1日序於法鼓山

自序

稽首歸依大導師　十方三世諸如來
廣大甚深微妙法　一切菩薩賢聖僧
為顯般舟真實義　今集諸經撰此論
一切助緣悉感恩　所有功德皆迴向

　　打從出家以來，我就一直希望能夠深入菩薩法門，可惜馬來西亞仍以上座部佛教居多，要學習大乘佛法不是一件容易的事。幸運的是，在法鼓文理學院三年的碩士生涯中，讓我對菩薩法門有了更寬闊的視野及更深入的體會。碩二那年，我和初期大乘時期集出的《般舟三昧經》結下不解之緣。此經伴我度過了兩年的研究生涯，不但讓我順利畢業，也促成本書的出版。本書的完成，實由多方因緣的助成，我一一銘記於心。首先，我由衷地感恩聖嚴師父、法鼓山僧團及十方信施的護持，讓我能夠安心地在這麼殊勝美麗的環境中深入法海。感恩文理學院提供豐富的資源，以及所有老師給予的細心教導與栽培，讓我在短短的的三年碩士生涯中，學識與涵養大幅度提昇。老師們的身教與言教，讓我一生受益無窮。

　　其中，我要特別感恩指導教授果鏡法師。此論文的問題意識，其實是我在 2016 年上老師的「淨土專題」時產生的。果鏡法師在我撰寫此論文的時候，給予許多寶貴的意見和教導，同時也給我很多自由思考與寫作的空間，讓我能夠在輕鬆、無壓力的氛圍下逐步完成此論文。果鏡法師溫和、謙卑與隨緣自

在的態度,是我學習的典範。

此外,我亦非常感恩果暉法師、陳英善老師以及諸位評審者給予許多建設性的意見,並指出此文思考不周、撰寫不圓滿之處,讓我能夠精益求精。感恩高明道老師在本研究的最初階段,給予我各方面的指導、建議與鼓勵,特別是讓我懂得論文寫作的正確技巧與態度。同時,非常感恩惠敏校長在其主持的三學研究會會議中,傳授我們做學問的正確觀念與方法:「論文基本功非常重要,一、二手文獻要反覆閱讀,要養成做筆記的習慣⋯⋯。」

最後,我深深感恩剃度恩師——開恩師父,送我到法鼓文理學院學習,並從各方面給予支持,讓我能在此安心辦道。永遠記得師父跟我說過的一句話:「早日學成歸來(馬來西亞),弘法利生!」我想自己不會辜負師父的期望,未來將會把在此所學的一切,帶回馬來西亞,分享給當地的眾生,讓更多的人能夠接受佛法的熏陶,進而提昇生命的品質,離苦得樂。

在撰寫本書的過程中,收穫最多的莫過於自己。我從中對於「菩薩法門」與「般舟三昧」的實踐,有了更深入及更全面的了解,可以成為自己日後修行的指南。但願在撰寫此書的過程中,所集一切功德迴向累世父母眷屬、師長同學、護法龍天⋯⋯乃至一切眾生,願他們皆能離苦得樂,早證無上菩提。

2019年7月14日序於DILA禪悅書苑

略語表

Amg.	Ardhamāgadh	半摩揭陀語
AN	*Aṅguttara-nikāya*	《增支部》
BHS	Buddhist Hybrid Sanskrit	佛教混合梵語
Dhs.	*Dhammasaṅgaṇi*	《法集論》
MN	*Majjhima-nikāya*	《中部》
MNd.	*Mahāniddesa*	《大義釋》
Pa.	Pāli	巴利語
Skt.	Sanskrit	梵語
Ved.	Vedic	吠陀語
Vibh.	*Vibhaṅga*	《分別論》

《般舟三昧經》「除睡眠」之研究

目錄

摘要

　　《般舟三昧經》（*Pratyutpanna Samādhi Sūtra*）是初期大乘其中一部重要經典，記載著念十方現在佛的方法。依此經修持，能達到「定中見現在諸佛現前」的境界——「般舟三昧」（pratyutpanna samādhi）。後漢時期，支婁迦讖（Lokakṣema，147－246）將此經帶到中國，並於光和二年（179）譯成漢文。此經多處提到「般舟」行者必須「除睡眠」、「除睡臥」、「却睡臥」、「棄於睡眠」、「不得臥出」，後人普遍將它們解讀為「不睡眠」，因而發展出九十日「不睡眠」的「般舟三昧」修法，一直流傳至今。然而，九十日「不睡眠」可能嗎？儘管覺得不太可能，自古以來卻有不少人實踐之。無論如何，筆者從《般舟三昧經》之異譯本——《賢護分》及 Harrison（1998）之英譯本發現，「除睡眠」等詞部分被譯為「除睡蓋」。到底「除睡眠」等詞指的是「不睡眠」、「除睡蓋」或其他意思？這是本書嘗試釐清的問題，分四個階段以探討之。第一、釐清《般舟三昧經》的整體修法，進而釐清「除睡眠」在整體修法之定位。從中發現「般舟三昧」之成就，不在於「不睡眠」，而是必須具足「佛加持力」、「三昧力」、「本功德力」三個因素。在提昇「三昧力」的過程中，必須依照一定的次第，即：持戒完具→獨一處止→心念佛→一心念→定中見佛→觀空。第二、本書通過漢、藏、現代譯本《般舟三昧經》之比對研究，

並考察「除睡眠」等詞在其他漢譯經論之定義，發現「除睡眠」等詞指的是「除睡眠蓋」，而非「不睡眠」。第三、由於《般舟三昧經》普遍被認為以「頭陀」為行法，本書進而考察「頭陀苦行」對於「睡眠」的立場，發現「頭陀苦行」者並非「不睡眠」，而是不能以「躺臥」的姿勢入眠而已。若有人嘗試完全「不睡眠」，世尊都會勸誡他們：「精進不能過於極端，應保持中道」或「眼以眠為食，汝可就寢」。可見，世尊並不鼓勵弟子完全「不睡眠」。第四、九十日「不睡眠」的「般舟」與「常行三昧」有密切關係，因此本書亦考察智者大師對「睡眠」的觀點。其結果顯示，智者大師並不主張連「中夜」也「不睡眠」，而是從兩個層面對治「睡眠」：1.正修止觀時，必須「棄除睡眠蓋」，否則無法入定；2.散心時，必須「調眠」，不能勉強「不睡眠」。可見，九十日完全「不睡眠」的修法並非智者大師的本意。由上述探討可知，《般舟三昧經》之實踐無須拘泥於「不睡眠」的形式，但若要證得「般舟三昧」，「去除睡眠蓋」卻是必要的。

關鍵詞：《般舟三昧經》、般舟三昧、除睡眠、不睡眠、常行三昧

第一章 緒論

第一節 研究動機

　　撰寫本書的緣起，可追溯至筆者在二〇一六年下旬選修了指導教授（果鏡法師）所開的「淨土專題」，探討的是《般舟三昧經》。此經在大乘佛法中有其特殊的價值。早期佛教的念佛法門，屬於六念之一，而且念佛的所緣局限於釋迦牟尼佛及佛的十大名號。然而，大乘佛法的興起，傳出十方現在有佛、菩薩與淨土。菩薩行者以「成佛」做為修行的終極目標，「念佛與見佛」更成為菩薩的要行。《般舟三昧經》是比較詳細記載「念佛與見佛」具體修法的初期大乘經，其念佛不專於一佛，而是念十方現在諸佛。依據《般舟三昧經》的方法修行，能於定中看見「現在諸佛悉在前立」的境界，也就是所謂的「般舟三昧」（pratyutpanna samādhi）。此三昧實為大乘的重要法門，如《大智度論》所言「佛以般若為母，般舟三昧為父」❶。由此可見，《般舟三昧經》之研究與實踐，對於一位發願成佛的大乘行者而言是極具價值的。此為撰寫本書的主要動機。

　　在探討《般舟三昧經》的過程中，指導教授曾在課堂上與同學們分享了目前修持「般舟三昧」的狀況，其中提到某道

---

❶ 《大智度論》卷 34，CBETA, T25, no. 1509, p. 314a22-23。

場曾舉辦為期九十日的「般舟三昧」禪期。參與者在九十日當中「不眠不臥」，累了就用繩子吊著雙手，站著休息。❷然而，能熬到最後一天的學員只有一位，而過程中有些學員因為多日未眠而生起幻相或幻聽，乃至有一位學員因站著睡著，卻不小心倒在地上，其頭部或下巴直接撞擊地板，因傷勢過重而往生。類似的事件亦曾發生在中國，北宋遵式大師（964－1032）修持九十晝夜不睡眠的「般舟三昧」，結果兩足皮裂，嘔血不已。❸對於指導教授的分享以及古德的經驗，筆者沉思良久：是否只有「徹夜不眠」才能達到定中見佛的境界（般舟三昧）呢？這樣的修法聽起來有些「危險」，符合經義嗎？於是乎，筆者心中萌起了探究《般舟三昧經》之念頭，希望能從中釐清「般舟三昧」的正確修法。此為撰寫本書動機之二。

　　本著以上動機，筆者開始探索《般舟三昧經》及相關文獻，逐漸形成了如下的問題意識。

---

❷ 釋星雲，《佛教常識》：「般舟三昧，是一種佛立、常行的修持法，在為期三個月的修行中，不坐不睡，只可立可行，累時靠在繩子上假寐。」（頁159）

❸ 《西歸直指》卷4，CBETA, X62, no. 1173, p. 122b21-c3。

第二節　問題意識與研究目的

一、「除睡眠」詞義考究

　　依據筆者的了解，早期佛教似乎沒有鼓勵修行者「徹夜不眠」地修持，如《增壹阿含經·地主品》所記載，尊者二十億耳非常精進修行，「初夜、中夜、竟夜」沒有一刻休息，甚至經行至腳壞血流，卻無法證得解脫。世尊遂以「彈琴喻」教他修行不能過於精進，亦不可懈怠，應離此兩邊而處於中道，如此修行方能成功。❹此外，佛在《增壹阿含經·力品》亦曾勸誡「徹夜不眠」地修行而導致雙眼失明的阿那律，必須適當地睡眠。❺由以上兩個經證可知，世尊認為「徹夜不眠」地修行已經過於極端，遠離了中道原則。換言之，世尊並沒有鼓勵弟子「徹夜不眠」，常說「初夜、後夜不著睡眠，精勤思惟」。❻

---

❹ 東晉·瞿曇僧伽提婆（316－385）所譯《增壹阿含經》卷13：「世尊告曰：『……極精進者，猶如調戲；若懈怠者，此墮邪見；若能在中者，此則上行。如是不久，當成無漏人。』」（CBETA, T02, no. 125, p. 612b18-21）另外，漢譯平行經亦見於劉宋·求那跋陀羅（394－468）所譯《雜阿含》卷9，CBETA, T02, no. 99, pp. 62b22-63b18；巴利語平行經為 Soṇasuttaṃ, AN 6.55（AN III 374-379）。

❺ 《增壹阿含經》卷31：「爾時，尊者阿那律達曉不眠，然不能除去睡眠，眼根遂損。爾時，世尊告阿那律曰：『勤加精進者與調戲蓋相應，設復懈怠與結相應，汝今所行當處其中……汝可寢寐。所以然者，一切諸法由食而存，非食不存。眼者以眠為食……。』」（CBETA, T02, no. 125, p. 719a7-22）

❻ 如《雜阿含經》卷10：「初夜、後夜，覺悟精進，……離於睡眠……。」（CBETA, T02, no. 99, p. 71a16-19）；《雜阿含經》卷11：「關閉根門，飲食知量，初夜、後夜精勤修習，正智成就，堪能盡壽純一滿淨，梵行

基本上，佛弟子在白天乃至夜晚都不應該貪著睡眠，但世尊允許弟子在適當的時間休息，如中夜時分。❼

　　然而，屬於初期大乘的《般舟三昧經》，卻似乎非常強調「徹夜不眠」的修行方式。耐人尋味的是，在其他經典中很難再找到如此注重「徹夜不眠」的文脈。細讀支婁迦讖所譯的三卷本《般舟三昧經》就會發現「除睡眠」、「除睡臥」、「却睡臥」、「棄於睡眠」、「不得臥出」等詞不斷出現在經文中，共計有十幾處之多。後人普遍認為這些詞指的是「不睡眠」，如智者大師依據《般舟三昧經》所建立的「常行三昧」就強調九十日「不眠、不臥、不休息」地念佛。❽中國不少古德亦認為《般舟三昧經》最注重「不睡眠」，如明代蕅益在《法華經會義》及清朝道霈在《法華經文句纂要》卷一皆提出：「般舟⋯⋯九十日中常行，不坐不臥，除睡為最。」❾問題是連續

清白。」（CBETA, T02, no. 99, p. 73a27-29）；《雜阿含經》卷29：「比丘！初夜、後夜不著睡眠，精勤思惟，是名四法多所饒益修安那般那念。」（CBETA, T02, no. 99, p. 206a3-5）；《長阿含經》卷7：「有比丘初夜、後夜捐除睡眠，精勤不懈，專念道品⋯⋯。」（CBETA, T01, no. 1, p. 44a25-26）

❼ 這一點在《增壹阿含經・放牛品》說得非常清楚：「若晝日經行，除去惡念諸結之想；復於初夜、後夜經行，除去惡結不善之想；復於中夜右脇著地，以腳相累，唯向明之想；復於後夜，出入經行，除去不善之念⋯⋯此是沙門要行。」（CBETA, T02, no. 125, p. 802a16-21）

❽ 《摩訶止觀》卷2：「三月終竟，不得臥出如彈指頃；終竟三月，行不得休息；⋯⋯九十日，身常行，無休息；九十日，口常唱阿彌陀佛名，無休息；九十日，心常念阿彌陀佛，無休息；⋯⋯唱念相繼，無休息時。」（CBETA, T46, no. 1911, p. 12b14-22）

❾ 蕅益《法華經會義》卷1，CBETA, X32, no. 616, p. 31c13-14 及道霈《法

九十日「徹夜不眠」，豈非超出了世尊「初夜、後夜不著睡眠」
的中道原則，讓本屬「易行」的念佛法門變得極其「難行」嗎？
一般人似乎很難做到連續數日乃至九十日「徹夜不眠」，就算
勉強做到，恐怕只會導致嚴重疲倦與惛沈，進而出現幻境，反
而妨礙了三昧的修習。如此說來，《般舟三昧經》就不是一部
能夠被實踐的經典。可是，世尊應機設教、隨緣說法不外是為
了引導不同根性的眾生皆能修證佛法，因此不可能教導「不可
行」之法。既然如此，是不是後人對這部經有關「除睡眠」、
「除睡臥」、「却睡臥」、「棄於睡眠」、「不得臥出」等詞
的解讀有所偏差呢？

　　引起筆者繼續探究「除睡眠」等詞義的直接原因，源
自於發現 Harrison（1998）在其英譯《般舟三昧經》（*The
Pratyutpanna Samādhi Sutra*）對這些漢詞有不一樣的解讀。❿
Harrison 並沒有將「除睡眠」、「除睡臥」、「却睡臥」、「棄
於睡眠」、「不得臥出」統統翻譯成 should not go to sleep（不
應當睡眠），而是罕見地將大部分翻譯為 eliminate sleepiness
（去除睡意）。⓫這一點引起筆者的注意。若「除睡眠」指

華經文句纂要》卷一皆云：「『般舟』此云『佛立』，九十日中常行，
不坐不臥，<u>除睡為最</u>。」（CBETA, X29, no. 599, p. 645b10-11）

❿ Paul M. Harrison, John McRae, trans. *The Pratyutpanna Samādhi Sutra. The
Śūraṅgama Samādhi Sutra*, p. 15, p. 24, p. 44, p. 57, p. 58, p. 74.

⓫ Harrison（1998）之所以對《般舟三昧經》中「不睡眠」等詞有不同的解
讀和翻譯，除了尊重經文原有的意思外，也很可能是受到藏譯本的影響，
因為 Harrison 於 1998 年將漢譯三卷本《般舟三昧經》譯為英文之前，早
已在 1978 年校訂德格版、奈塘、北京版及拉薩版《般舟三昧經》，並出

的是「去除睡意」，或許更合乎佛法的修行原則。因為「三
昧」的修習必須去除五蓋，而五蓋中的「睡眠蓋」可說相當於
Harrison 所謂的 sleepiness（睡意）。筆者發現在《般舟三昧經》
的異譯本──《賢護分・三昧行品》❷，確實提到「除睡蓋」，
如下表所示：

經名	經文
《般舟三昧經》	精進除睡臥，三月莫得懈。❸
《賢護分》	念勤精進除睡蓋，三月不坐唯經行。❹

　　可見《般舟三昧經》中的「除睡臥」，在異譯本《賢護分》
的相等經文中為「除睡蓋」。這一點，和普遍上認為「除睡眠」
即「不睡眠」，可說差之毫釐失之千里。「除睡蓋」表示晝夜
六時保持正念正知，「睡眠蓋」生起時，極力去除它，但可以
在適當的時間（如中夜）睡眠；而「不睡眠」則表示晝夜六時
都「不睡覺」，但可以終日「惛沈」。由此可見，「除睡眠」
等詞的不同解讀，將會導致「般舟三昧」修法上的極大差異。

版為 *The Tibetan text of the Pratyutpanna-Buddha-Saṃmukhāvasthita-Samādhi-Sūtra*。接著在 1990 年出版了此校訂本之英譯 *The Samādhi of Direct Encounter with the Buddhas of the Present: An Annotated English Translation of the Tibetan Version of the Pratyutpanna-Buddha-Saṃmukhāvasthita-Samādhi-Sūtra*。他在這些著作中對漢文諸異譯本及藏文本皆有詳細的考究，可謂《般舟三昧經》的權威著作。

❷ 經名原為《大方等大集經賢護分》，由隋・天竺三藏闍那崛多（523－600）所譯，本書將取其略稱《賢護分》，以免繁瑣。

❸ 《般舟三昧經》卷 1，CBETA, T13, no. 418, p. 906b1。

❹ 《大方等大集經賢護分》卷 2，CBETA, T13, no. 416, p. 877c5-6。

這，對於「般舟」行者而言，無疑是重要的課題。

　　於《般舟三昧經》中出現的「除睡眠」等詞指的是「不睡眠」，還是「除睡蓋」？這是筆者嘗試釐清的問題，為撰寫本書的主要目的。

二、「不睡眠」的「般舟三昧」普及化的原因

　　「般舟三昧」，相當於梵語 pratyutpanna samādhi，可說是 pratyutpanna-buddha-saṃmukhāvasthita-samādhi 的簡稱，完整的意思為「現在諸佛皆在面前立之三昧」。顧名思義，成就此三昧者能於定中見現在諸佛立於自己的面前。依據《般舟三昧經》的記載，要達到此「般舟三昧」，可以通過不同的方法，如：一日乃至七日持戒念佛而見佛❶，坐著念佛而見佛❶，乃至醒著見不到佛而在睡夢中見佛❶等等。整體而言，

---

❶ 《般舟三昧經》卷 1：「菩薩若沙門、白衣，所聞西方阿彌陀佛剎，當念彼方佛，不得缺戒，一心念——若一晝夜，若七日七夜——過七日以後見阿彌陀佛。」（CBETA, T13, no. 418, p. 905a14-17）

❶ 《般舟三昧經》卷 1：「是時，不持仙道、羅漢、辟支佛眼視，不於是間終生彼佛剎爾乃見，便於是間坐，悉見諸佛、悉聞諸佛所說經，悉皆受。」（CBETA, T13, no. 418, p. 904a28-b2）；《般舟三昧經》卷 1：「是菩薩摩訶薩，不持天眼徹視，不持天耳徹聽，不持神足到其佛剎，不於是間終生彼間佛剎乃見，便於是間坐，見阿彌陀佛，聞所說經，悉受得，從三昧中悉能具足，為人說之。」（CBETA, T13, no. 418, p. 905a23-27）；《般舟三昧經》卷 2：「行是精進見十方，坐遙聽受所化法，如我於是講說經，樂道法者面見佛。」（CBETA, T13, no. 418, p. 909a24-26）

❶ 《般舟三昧經》卷 1：「於覺不見，於夢中見之。」（CBETA, T13, no. 418, p. 905a17）

九十日不眠的修法，只出現在三卷十六品《般舟三昧經》中的其中一品，即〈四事品〉，而且只是〈四事品〉中速證「般舟三昧」的四組四事之一，其原文如下：

> 菩薩復有四事疾得是三昧，何等為四？一者、不得有世間思想，如指相彈頃三月；二者、不得臥出三月，如指相彈頃；三者、經行不得休息、不得坐三月，除其飯食左右；四者、為人說經不得望人衣服、飲食。是為四。⑱

　　值得注意的是，在〈請佛品〉還提到兩組五事，亦是速證「般舟三昧」的資糧。⑲由此可見，《般舟三昧經》並沒有特別重視九十日「不睡眠」的方法，何以後來卻特別普及化，成為「般舟三昧」行法的主流呢？這是筆者緊接著上述第一個問題意識後，嘗試釐清的問題，為撰寫本書的第二個目的。

　　依據筆者的初步考察發現，此現象似乎始於中國，與隋朝天台智者大師（539－598）在《摩訶止觀》所立的「常行三昧」有關。在智者大師之前，依《般舟三昧經》修持的古德，最著

---

⑱ 《般舟三昧經》卷1，CBETA, T13, no. 418, p. 906a16-21。
⑲ 《般舟三昧經》卷3：「佛告跋陀和菩薩：『菩薩有五事疾得「見現在佛悉在前立三昧」，學持諦行心不轉。何等為五？一者、樂於深經無有盡時，不可得極，悉脫於眾災變去、以脫諸垢中、以去冥入明，諸矇矓悉消盡。』佛告跋陀和：『是菩薩逮得無所從來生法樂、逮得是三昧。復次，跋陀和！不復樂所向生是為二；不復樂喜於餘道是為三；不復樂於愛欲中是為四；自守行無有極是為五。』」（CBETA, T13, no. 418, p. 915a19-27）

名的莫過於東晉的廬山慧遠大師（334－416）。慧遠大師及
其弟子雖依《般舟三昧經》念佛，但其實踐方式與後來流行的
「般舟三昧」行法不甚相同。❷以慧遠的弟子劉遺民為例，其
修持方法為：

> 遺民精勤偏至，具持禁戒，專念禪坐，始涉半年，
> 定中見佛，行路遇像，佛於空現，光照天地，皆作
> 金色；又披袈裟，在寶池浴。出定已，請僧讀經，
> 願速捨命。在山一十五年，自知亡日，與眾別已，
> 都無疾苦。至期西面端坐，斂手氣絕，年五十有
> 七。❷

劉遺民念佛見佛的方式是：精進、持戒、禪坐。他經過短短
半年的修習，便達到定中見佛的境界——「般舟三昧」。這
樣的「般舟三昧」行法，有兩點值得注意：1.從姿勢而言，
是「坐」，而不是「常行」；2.雖說精進，但並非「徹夜不眠」。
　　然而，經過了大約一百五十年左右，智者大師依《般舟
三昧經》建立「常行三昧」之後，流傳在中國的「般舟三昧」
行法似乎有了些變化。事實上，《摩訶止觀》卷二只說：「常

---

❷ 上野俊靜在《中國佛教史概說》提到：「廬山慧遠於東晉安帝元興元年
　（402）與劉遺民及周續之等道俗名士二十三人，結社於東林寺般若臺，
　倡行念佛。世稱此一結社為白蓮社。他專以《般舟三昧經》為依據，念
　十方現在佛中之一的阿彌陀佛。」（頁26-28）
❷ 《廣弘明集》卷27，CBETA, T52, no. 2103, p. 304b7-13。

行三昧」**出自**《般舟三昧經》。換言之，智者大師主要以《般
舟三昧經・四事品》中「三月常行、不眠不臥」的方法，做為
建立「常行三昧」的依據。如此，即能證明「常行三昧」之建
立有典有則，並非妄立。但自此之後，後人似乎將《般舟三昧
經》所記載的「般舟三昧」行法與「常行三昧」混淆了，進而
出現了將「常行三昧」與「般舟三昧」畫上等號的趨勢。考察
發現，這個現象似乎始於從北宋時期，如知禮（960－1028）
在《千手眼大悲心咒行法》提到「常行三昧」**即是**《般舟三昧
經》之「般舟三昧」。❷直至近代，這樣說法更為普及，如釋
厚觀（1989）在〈般舟三昧〉一文中整理出「般舟三昧」之特
色，認為：「般舟三昧」**屬於**三月精修之「常行三昧」。❸同
文亦提到：「《般舟三昧經》**是**『常行三昧』。」❹或許由於
這個觀點的普及化，後人遂將「常行三昧」中「三月常行、不
眠不臥」的方法，做為達到「般舟三昧」的唯一途徑。❺這似
乎並非智者大師的本意或《般舟三昧經》的整體意趣，卻可能
是「九十日不睡眠的般舟」流行於後世的原因。事實是否如
此？即是本書欲繼續釐清的問題。

綜上所述，撰寫本書目的有二：

---

❷ 《千手眼大悲心咒行法》卷 1：「『常行』，即《般舟經》『佛立三昧』
也。」（CBETA, T46, no. 1950, p. 973a10-11）

❸ 釋厚觀，〈般舟三昧〉，頁 144。

❹ 同上，頁 140。

❺ 如釋聖嚴在《聖嚴法師教話頭禪》所言：「『常行三昧』，又叫做『般
舟三昧』，就是不睡覺、不坐、不臥，一直在走，慢慢的走，修行這種
三昧很辛苦。」（頁 106）

（一）釐清《般舟三昧經》中「除睡眠」、「除睡臥」、「却睡臥」、「棄於睡眠」、「不得臥出」等詞指的是「不睡眠」、「除睡蓋」，仰或還有其他涵義。

（二）釐清「九十日不睡眠」的「般舟三昧」普及化的原因，追溯「般舟三昧」逐漸與「常行三昧」結合而「為一」的過程，進而釐清《般舟三昧經》所記載的「般舟三昧」與《摩訶止觀》的「常行三昧」，兩者之間的同異。

第三節　既有文獻之探討

針對本書的論題，學界目前已有何種程度的研究？依據「香光尼眾佛學圖書館」所整理的《般舟三昧經》歷來研究書目，《般舟三昧經》的相關研究頗多，直到二○○六年為止共有八十九筆，其中以日本文獻居多。㉖然而，為數眾多的既有文獻當中，並未有針對《般舟三昧經》之「除睡眠」加以研究的專書、學位論文或單篇論文。

一、略提「除睡眠」為《般舟三昧經》之實踐特色者

無論如何，有幾份單篇論文章節、學位論文章節稍微提及「除睡眠」為《般舟三昧經》之實踐特色，其中包括：1. 釋

㉖ 香光尼眾佛學院圖書館網頁，http://www.gaya.org.tw/library/readers/guide-56.htm，2017.12.23。

厚觀（1989）〈般舟三昧〉第三節「般舟三昧之特色」認為「三月不眠常行」為「般舟三昧」特色之一；❷ 2. 釋印順（2000）《華雨集》在探討「大乘的念佛三昧」時，指出後世般舟行者偏取《般舟三昧經》之「不得臥出三月如指相彈頃，經行不得休息，不得坐三月，除其飯食左右，疾得三昧」為修持依據；❷ 3. 釋惠謙（2001）在〈《般舟三昧經》的念佛禪觀啟示〉❷的結論中指出「九十天不眠、常行」實是《般舟三昧經》之特色，而此一特色受到中國祖師的重視與強調。所以傳沿至今，只要一提到「般舟三昧」，便認為是「九十天不眠、常行」地專修念佛三昧；❸ 4. 蔡貴亮（2001）在其碩論《《般舟三昧經》思想之探討》第四章探討了《般舟三昧經》的修行法要與儀軌。❸ 5. 陳漢洲（2004）在其碩論《般舟三昧念佛法門及其傳播》第三章列舉中國修持「般舟三昧」的歷代祖師，以及第六章通過田野調查，整理臺灣般舟行者的實際修持情況。不管在中國或臺灣，般舟行者在修持過程中都會堅持「不睡眠」。有者數日不睡，乃至九十日不睡。此外，也有每日站著入睡一兩小時者。❸陳氏通過田野調查發現，佛教行者有一個共識，他們都認為行持「般舟三昧」就需要是

---

❷ 釋厚觀，〈般舟三昧〉，頁 131-150。
❷ 釋印順，《華雨集》第二冊，頁 266-267。
❷ 釋惠謙，〈《般舟三昧經》的念佛禪觀啟示〉，頁 45-66。
❸ 同上，頁 66。
❸ 蔡貴亮，《《般舟三昧經》思想之探討》，頁 125-146。
❸ 陳漢洲，《般舟三昧念佛法門及其傳播》，頁 51-124 及頁 181-223。

九十日，若只修七日，則非真正的「般舟三昧」。陳氏認為
這是受到智者大師《摩訶止觀》所建立的「常行三昧」之影
響。❸儘管以上學者皆指出「不睡眠」乃《般舟三昧經》的實
踐特色，但筆者不敢苟同。《般舟三昧經》的實踐特色理應
是「**念現在佛、見現在佛**」，而非「不睡眠」。其中，是否
一定要以九十日「不睡眠」的方式修持才能見到佛？這，似
乎也還有商討的餘地。針對此一課題，本書將作深入的探討。

二、《般舟三昧經》版本考據

　　另外，在《般舟三昧經》版本考究方面，研究成果亦不
少。平川彰在《初期大乘仏教の研究》第一章第五節，探討
《般舟三昧經》的成立年代，並嘗試釐清一卷本與三卷本的
譯者與版本問題。❸釋印順在《初期大乘佛教之起源與開展》
第十一章第三節〈念佛法門〉，對於漢譯《般舟三昧經》之
同本異譯進行了考究和論述，並將現存四部漢譯本各章節的
內容作了整體性的比對。有別於一般認為一卷本《般舟三昧
經》從三卷本抄略出來的觀點，印順導師認為三卷本《般舟
三昧經》從法數及思想的角度而言，是依據一卷本而再纂集
完成。❸望月信亨在《中國淨土教理史》第二章第一節，依
據古經錄簡要地探討《般舟三昧經》之傳譯，認為《出三藏

---

❸ 陳漢洲，《般舟三昧念佛法門及其傳播》，頁 74。
❸ 平川彰，《初期大乘仏教の研究》，頁 202-210。
❸ 釋印順，《初期大乘佛教之起源與開展》，頁 840-854。

記集》記載有西晉·竺法護（Dharmarakṣa，239－316）譯《般舟三昧經》二卷。因此，一卷本及三卷本《般舟三昧經》雖共同署名「後漢支婁迦讖譯」，但其中一本可能是由竺法護所譯。❸❻釋印順亦有同樣的看法，認為一卷本很可能是竺法護所譯。❸❼

望月信亨亦在《淨土教起源及其開展》第四章第二節探討了《般舟三昧經》之成立過程，❸❽以及《淨土教概論》第一章第三節依據印度歷史考究了《般舟三昧經》出現的年代，推測《般舟三昧經》之編纂大概在西元前二世紀中葉。❸❾藤田宏達於《淨土教思想論》第一章〈淨土思想的發展〉，亦探討了包括《般舟三昧經》在內的淨土經典之成立年代。❹⓿

西文方面，Harrison 在 *The Samādhi of Direct Encounter with the Buddhas of the Present* 對現存《般舟三昧經》各個譯本所作的相關研究，是最全面且深入的。值得注意的是，他依據日本學者櫻部建（Sakurabe Hajime）的研究，發現三卷本《般舟三昧經》有兩種版本：1. 收於《高麗藏》的譯本（＝A 本），此是《大正藏》T.418 ❹❶所參考的底本；2. 記載於《大正藏》

---

❸❻ 望月信亨，《中國淨土教理史》，頁 9、10。
❸❼ 釋印順，《初期大乘佛教之起源與開展》，頁 840。
❸❽ 望月信亨，《淨土教起源及其開展》，頁 100-107。
❸❾ 望月信亨，《淨土教概論》，頁 3-5。
❹⓿ 藤田宏達，《淨土教思想論》，頁 8-11。
❹❶ 三卷本《般舟三昧經》，做為《大正藏》冊 13，第 418 經，一般以「T.13, no. 418」表示其經號。在後續的論述中，此經及其異譯本將會多次被提起，為免繁瑣，本書依據西文學界常用略符，一律以「T.418」表示三卷

T.418 校勘欄上，宋、元、明本的譯文（=B 本），但不確定這
A 和 B 本所依據的梵文本是否一樣。❷《拔陂菩薩經》的形成
則不晚於西元三世紀，它代表著介於 A 和 B 本之間的梵本形
式。到了四至五世紀之間，身分不明者將 B 本節略成為一卷
本《般舟三昧經》，卻冠以「支婁迦讖」之名，而他所依據的
底本則被題為「竺法護」所譯。此節略本於七世紀初在中國消
失，卻被保存於後來的《高麗藏》中，即現今的 T.417。西元
五九五年，闍那崛多（Jñānagupta）再一次翻譯《般舟三昧經》，
名為《大方等大集經賢護分》，此譯本雖然比之前的譯本詳
細，但是其基本架構依然不變。到了八世紀，B 本（再次冠以
「支婁迦讖」之名）、《賢護分》及《拔陂菩薩經》才在中國
被普遍使用。九世紀初，《般舟三昧經》才由 Śākyaprabha（釋
迦光）及 Ratnarakṣita（寶護）譯成藏文，它的形式有別於漢
譯諸本。Harrison 認為，《般舟三昧經》從最原始的文本，開
展出三支主要傳譯系統：1. 藏譯本；2. 三卷本《般舟三昧經》
（T.418）；3.《賢護分》（T.416），包括現存的一頁梵文殘卷，
以及《十住毘婆沙論》所引用的《般舟三昧經》。《拔陂菩薩
經》（T.419）則介於 2 與 3 之間。❸關於《般舟三昧經》的

本《般舟三昧經》（T.13, no. 418），以「T.417」表示一卷本《般舟三昧
經》（T.13, no. 417），以「T.416」表示《賢護分》（T.13, no. 416），以
「T.419」表示《拔陂菩薩經》（T.13, no. 419）。

❷ Paul M. Harrison, *The Samādhi of Direct Encounter with the Buddhas of the Present*, pp. 221-222.

❸ ibid., pp. 270-272.

形成順序，及其在思想史上的地位等問題，末木文美士（2001）
認為 Harrison 所導出的結論，迄今為止最為妥當。❹

　　另外，Jan Nattier 在 *A Guide to the Earliest Chinese Buddhist
Translations*（《最早期的漢語佛典翻譯指南》），探討了支婁
迦讖漢譯典籍的問題，包括三卷本《般舟三昧經》的「長行」
與「偈頌」之間的譯詞差異，以及《高麗藏》與宋、元、明本
《般舟三昧經》的差異。Jan Nattier 認為《般舟三昧經》實有
被後人修訂的痕跡，修改者可能是支謙（三世紀初）或竺法護。
通過比對發現，三卷本「長行」的某些譯詞如「優婆塞」、「薜
荔」、「摩訶薩」，與《道行般若經》（受學界公認為支婁迦
讖所譯）的譯詞一致；但在「偈頌」中卻用了不同的譯詞，分
別是「清信男」、「餓鬼」、「大士」。Nattier 由此推定「長行」
是由支婁迦讖譯出，「偈頌」則出自另一人的手筆。此外，《般
舟三昧經》第三品以及第四品前半段的「偈頌」，在《高麗藏》
以「長行」譯出，而宋、元、明本卻譯為「偈頌」。是誰將原
來的「長行」改為「偈頌」？目前雖無定論，但以支謙的可能
性比較大。原因在於支婁迦讖所譯的《道行般若經》曾被修訂
兩次，其中一次便由支謙所修訂。❺

---

❹ 末木文美士，〈《般舟三昧經》──形成史與思想史若干問題之研究〉，
頁 139。

❺ Jan Nattier, *A Guide to the Earliest Chinese Buddhist Translations: Texts from
the Eastern Han* 東漢 *and Three Kingdoms* 三國 *Periods*, p. 83.

三、《般舟三昧經》現代譯本

　　有關《般舟三昧經》現代譯本方面，Harrison（1998）
將支婁迦讖所譯的三卷本英譯為 *The Pratyutpanna Samādhi
Sutra*。❹此外，Harrison 亦以英語翻譯了藏文本《般舟三昧
經》，名為 *The Samādhi of Direct Encounter with the Buddha
of the Present*。❹日本林純教亦出版了從藏文譯為日文的《藏
文和訳般舟三昧経》。❹上述現代譯本皆頗具學術價值。相
對而言，吳立民與徐蓀銘釋譯的中文白話《般舟三昧經》，
傾向於個人解讀與翻譯，略缺學術參考價值。❹

　　以上所提及的譯本中，現存漢譯《般舟三昧經》的四個異
譯本、藏譯本、英譯本及，將會成為本書的研究、比較對象。

四、佛教對「睡眠」的觀點與實踐

　　若把佛教在印度的發展分為早期、部派、大乘的話，在探
討大乘初期的《般舟三昧經》「除睡眠」之前，有必要先了解
早期與部派佛教對「睡眠」的定義。然而，早期佛教的《阿含》
或《尼柯耶》對「睡眠」並沒有給予嚴格的定義，到了部派佛

❹ Paul M. Harrison & John McRae, trans. 1998. *The Pratyutpanna Samādhi
Sutra. The Śūraṅgama Samādhi Sutra.* Berkeley, CA: Numata Center.
❹ Paul M. Harrison, 1990. *The Samādhi of Direct Encounter with the Buddhas
of the Present: An Annotated English Translation of the Tibetan Version of the
Pratyutpanna-Buddha-Saṃmukhāvasthita-Samādhi-Sūtra.* Tokyo: International
Institute for Buddhist Studies.
❹ 林純教，《蔵文和訳般舟三昧経》，東京：大東出版社，1994 年。
❹ 吳立民、徐蓀銘釋譯，《般舟三昧經》，高雄：佛光文化，1997 年。

教才開始相關工作。目前有三篇研究著重於部派佛教對「睡眠」的定義與歸類問題，重點如下：

（一）水野弘元（1964），《パーリ仏教を中心とした仏教の心識論》。[50]

在此書第四章第四節有一小篇幅，依據上座部、說一切有部、瑜伽行派的阿毘達磨及注釋文獻，釐清他們對「惛沈」、「睡眠」的定義。從中讓人清楚看出「惛沈」、「睡眠」的定義在同一個部派的演變，以及不同部派之間的差異。

（二）林隆嗣（2000），〈無畏山派的色法與睡眠色〉。[51]

此文考察上座部無畏山派的色法體系，把無畏山派特別主張的「睡眠色」做為焦點，釐清睡眠之定義與定位從聖典至注釋書之變遷，並詳細探討無畏山派與大寺派針對「睡眠」的爭論。林氏認為：兩者的說法皆有其根據及立足點，但也有其局限。從無畏山派與大寺派圍繞在「睡眠」的論爭，可以看出上座部阿毘達磨與注釋文獻的精密思維並非一蹴而成，而是乘載過往的議論，經過許多階段的重複檢討，並且對教理體系一再編輯的結果。

---

[50] 水野弘元，《パーリ仏教を中心とした仏教の心識論》，東京：ピタカ，1964 年。（1978 年，改訂版）

[51] 林隆嗣，〈アバヤギリ派の色法と睡眠色〉，《仏教學》52，頁 19-41。其中文翻譯見林隆嗣，〈無畏山派的色法與睡眠色〉，釋洞崧譯，《正觀雜誌》83，頁 163-191。

（三）Rupert Gethin (2017), "Body, Mind and Sleepiness: On the Abhidharma understanding of *styāna* and *middha*." ❺

這篇論文旨在釐清阿毘達磨對「惛沈」（Skt.: styāna）與「睡眠」（middha）的理解，以及「睡眠」與「身」、「心」之間的關係，研究範圍局限於上座部、說一切有部及瑜伽行派的觀點。Rupert Gethin 立論嚴謹，從三個部派如何歸類和列出諸法開始考察，指出各部派在「法」的定義、數量及分類上皆有差異。針對「心所法」的歸類，上座部把「惛沈」（Pa.: thīna）和「睡眠」（middha）歸為不善心所。然而在日常生活中，有時候會因身體的疲勞而導致「惛沈」和「睡眠」的自然現象，何必將它們都視為「不善心」？上座部無畏山派因此提出「睡眠色」（middha-rūpa），然遭受大寺派的反駁，認為「睡眠」屬於「心所法」。此外，說一切有部及瑜伽行派則把「惛沈」（styāna）與「睡眠」（middha）歸類為「不定心所」。Gethin 認為各部派對這個議題的不同看法，源自於《阿毘達磨》做為「抽象思惟」與佛教禪修做為「實際體驗」之間的抗衡，同時反映出三個部派在探討「法」的定義與歸類時，無法真正將色、心截然獨立起來，因為色、心即互相關聯，又是彼此互動的。

除此之外，另有幾篇期刊論文，雖不是直接探討《般舟三昧經》之「除睡眠」，卻深入探討了佛教有關「睡眠」的課題，

---

❺ Rupert Gethin, "Body, Mind and Sleepiness: On the Abhidharma understanding of *styāna* and *middha*," pp. 254-216.

其重點如下：

（四）陳識仁（2010），〈佛教經典中的睡眠觀〉。**❸**

　　此文探討佛教對睡眠的基本態度、睡眠的過患及其應對方法，所考據的文獻局限於漢譯佛典及中國古德的撰述，並且從中國僧傳如《高僧傳》、《續高僧傳》等，舉出實踐減少睡眠以資精進修行的例子。陳氏在結論中指出對治睡眠及減少睡眠，雖是出家眾的修行規範之一，然而修行者卻不可能永遠不睡。因此，佛陀亦允許弟子在中夜睡眠，但其餘時間都必須精進辦道。陳氏雖然考察出睡眠屬於五欲、五蓋、四不定心、八種纏繞、十纏、十一心垢、二十一心垢及二十一結之一，卻未釐清這些概念形成的歷史背景。這一點，釋開仁在〈淨治睡眠的禪修傳統〉中卻有較為深入的考察。

（五）釋開仁（2010），〈淨治睡眠的禪修傳統〉。**❹**

　　此文所涉獵的範圍頗廣，不但釐清睡眠的定義及其形成階段，亦探討世尊對睡眠的看法、睡眠的過患、睡眠的適當方法與時間、對治睡眠蓋的方法、根除睡眠蓋之道品。研究結果指出：睡眠的意涵從早期佛教至部派佛教，逐漸出現一些分歧。世尊說法乃應機設教，先說適當地睡眠，後說斷除睡眠蓋。此外，睡眠有種種過患，但以障礙定、慧為主。儘管如此，睡眠

---

❸ 陳識仁，〈佛教經典中的睡眠觀〉，頁 149-184。
❹ 釋開仁，〈淨治睡眠的禪修傳統〉，頁 139-176。

也有恢復體力的正面意義，有部論師認為世尊也有與不染污相
應的睡眠。經、律、論記載著多種對治睡眠的方法，但唯有四
念處與七覺支能根除睡眠。釋開仁在結語中指出，只要修行者
能恆持正念正知，循序漸進地努力，適當的睡眠實不妨礙道業
之成就。筆者認為此結論非常人性化，亦符合佛法中道的原
則。

（六）梁國超（2010），〈初期佛教的睡眠觀——試談「時」與「非時」睡眠之種種〉。❺

此文從「時間」的角度探討初期佛教的睡眠觀，指出初期
佛教視睡眠為「蓋」，無利於修行者達到解脫的目標，適當的
睡眠時間為中夜（10pm－2am），一切「非時」的睡眠都是
不應該的。此外，初期佛教禁止比丘在白天睡眠，但午餐後可
以午睡休息或打坐一兩個小時。值得注意的是，梁氏指出佛教
不許比丘熬夜，中夜必須休息，而睡時須作光明想。❻

（七）釋惠敏（2012），〈佛教禪修之對治「睡眠蓋」傳統〉。❼

此文提出佛教有兩種對治睡眠蓋的禪修傳統，即：1. 中夜
可睡眠的禪修傳統，如《瑜伽師地論·聲聞地》所言「初夜、
後夜，覺悟瑜伽」。「中夜」雖然可以睡眠，但必須右脅而臥、

❺ 梁國超，〈初期佛教的睡眠觀——試談「時」與「非時」睡眠之種種〉，頁 239-259。
❻ 同上，頁 256。
❼ 釋惠敏，〈佛教禪修之對治「睡眠蓋」傳統〉，頁 181-212。

住光明想、正念、正知、思惟「起相」。2. 連中夜也「脇不著席」的禪修傳統，出於十二頭陀法，如《佛說十二頭陀經》所記載的第十二項頭陀法「若欲睡時，脇不著席」。「脇不著席」在其他經論中亦名為「脇不至席」、「長期端坐」、「常坐不臥」、「不倒單」。其實，連中夜也「脇不著席」的禪修傳統，並非連中夜也「不睡眠」，只是不能「躺」下來睡眠而已。換言之，除了四威儀中的「臥」，行者可以採用其他姿勢睡覺，通常以「坐」姿為主，因此也可說為「長期端坐」、「常坐不臥」。❸當然，頭陀行者也允許「站」著睡，只不過以「行」的姿勢睡著似乎是不太可能的事。由此可見，釋惠敏在其論文中所提出兩種禪修傳統，其實都是在對治「睡眠蓋」，並非禁止「睡眠」，從其論文主題〈佛教禪修之對治「睡眠蓋」傳統〉即可見一斑。

　　上述研究局限於佛教本身，以下兩份研究則跨出佛教的範疇，涉獵印度其他宗教與醫學文獻，其重點如下：

---

❸ 這一點在劉宋·求那跋陀羅所譯《佛說十二頭陀經》，講得最清楚不過，所謂：「〔第〕十二〔支頭陀〕者，身四威儀中『坐』為第一，食易消化，氣息調和。求道者大事未辦，諸煩惱賊常伺其便，不宜安臥。若『行』若『立』，心動難攝，亦不可久，是故應受『常坐』法。若欲睡時，脇不著席，是為十二頭陀之法。」（CBETA, T17, no. 783, p. 721c2-6）

（八）阪本（後藤）純子（2006），〈Pāli *thīna-middha-*「惛沈 ·
　　　睡眠」，Amg. *thinagiddhi-/ thīṇaddhi -* と *Vedic mardh /
　　　mṛdh*〉。❺❾

　　此文依據語源學的方法，從巴利語（Pa.）、佛教混合梵
語（BHS）、半摩揭陀語（Amg.）、耆那教梵語（Jaina-Skt.）
及吠陀語（Ved.）的角度釐清 thīna-middha-（惛沈—睡眠）之
淵源。研究結果指出 Pa.（=BHS）middha-，由 Ved. mrdhrá-
發展而來，做為中性詞，有「疲倦、活動減少」等意思；做為
形容詞，則有「疲憊的、不活躍的、疏忽的」等意思。此外，
thīna- 做為中性詞，則有「心理作用的呆滯與不活躍、消沉」
的意思。由於兩者皆為禪修的障礙，因此被結合為並列複合詞
thīna-middha-（BHS styāna-middha-），意思簡化為「打瞌睡、
坐睡或行睡（相對於躺著睡）」。此後，thīna-middha- 被引進
耆那教中，形成 Amg. thīṇaddhi-（Jaina-Skt. styāna-rddhi-）或
Amg. thīṇagiddhi-（Jaina-Skt. styāna-gṛddhi-），其意思卻被詮
釋為「睡眠的動作、夢遊」等。由此可見，佛教用語與印度其
他宗教有著密切關係，在彼此互相影響的過程中，同一個詞的
定義會有所改變。

---

❺❾ 阪本（後藤）純子，〈Pāli *thīna-middha-*「惛沈 · 睡眠」，Amg. *thinagiddhi-/*
　thīṇaddhi- と *Vedic mardh/mṛdh*〉，頁 901-895。

（九）梁國超（2012），〈睡眠與圓滿生命──佛教與印度阿育吠陀醫學對睡眠看法的比較研究〉。**❻⓪**

　　跨出早期佛教經論的框框，將大乘佛教與印度阿育吠陀醫療體系對「睡眠」的觀點作了比較研究。大乘佛教以「唯識」及「天台」文獻為主，而印度阿育吠陀則以《妙聞集》（*Suśrute Saṁhitā*）及《闍羅迦集》（*Caraka Saṁhitā*）為主。依據梁氏的研究結果，佛教對睡眠的論述可能受阿育吠陀醫學的影響，但在某些方面卻有不同的看法，原因可能在於佛教偏重解脫道，而阿育吠陀偏重於現世安樂之追求。文中指出阿育吠陀醫學依據個人體質、及天氣變化等外在因素決定每個人適合自己的睡眠時段，這點比起佛教規定中夜睡眠顯得靈活。同時，佛教基本上禁止修行者熬夜，但印度阿育吠陀醫學則認為有些人的條件因緣是無妨熬夜的。大體而言，梁氏將大乘佛教與印度醫學「睡眠觀」所作的比對研究，有其重要價值，畢竟佛教起源於印度，或多或少與印度本土的宗教、文化、醫學等因素互相影響。無論如何，這篇論文的某些議題仍有繼續被探討的餘地，例如在「大乘天台的睡眠觀」一節中，梁氏指出智者大師對睡眠的看法承襲自早期佛教，視睡眠為「蓋」，所以極力去除睡眠。然而事實上，智者大師在《摩訶止觀》對睡眠的處理分為兩部分：1. 在「棄五蓋」節，主張「棄除睡眠蓋」；2. 在「調五事」節則認為「睡眠不可勉強抑制，不節不恣才是眠調

---

❻⓪ 梁國超，〈睡眠與圓滿生命──佛教與印度阿育吠陀對睡眠看法的比較研究〉，頁 55-121。

相」。❻梁氏似乎忽略了後者，而論述有所不周。

（十）小結

　　綜合上述，目前雖未有直接將《般舟三昧經》之「除睡眠」做為主題來研究的專書或論文，但依據上述既有文獻的論點可知，「睡眠」（middha）這個詞源自吠陀語，在《阿含》與《尼柯耶》已有記載，只是到了部派阿毘達磨與注釋文獻才給予它嚴格的定義和歸類。世尊雖教導弟子精進不放逸，卻仍允許修行者中夜睡眠，不主張熬夜或徹夜不眠。換言之，適當的睡眠不妨礙修行的成就。無論如何，若要證得禪定或觀慧，去除「睡眠蓋」是必要的。釋惠敏（2012）指出佛教有兩個對治「睡眠蓋」的禪修傳統：1. 晝夜精進修止觀，中夜以正念入眠；2. 連中夜也「脇不著席」的頭陀傳統。事實上，這兩個對治「睡眠蓋」的傳統並非主張「徹夜不眠」。然而，後人似乎有將《般舟三昧經》之「除睡眠」與頭陀傳統掛鉤的傾向，進而誤認為「般舟三昧」必定要「不睡眠」。關於這一點，本書第四章將給予釐清。除此之外，《般舟三昧經》「除睡眠」之實踐與天台實有極密切的關係，然而梁國超（2012）對於智顗處理「睡眠」的態度，偏取「除睡蓋」而忽略「調睡眠」，本書將於第五章探討之。

---

❻《摩訶止觀》卷4：「調眠者，眠是眼食，不可苦節；增於心數，損失功夫，復不可恣。上訶蓋中一向除棄，為正入定障故。此中在散心時從容四大故，各有其意。略而言之，不節不恣是眠調相。」（CBETA, T46, no. 1911, p. 47b3-8）

　　針對本書的兩大問題意識：1.《般舟三昧經》中「除睡眠」等詞指的是「不睡眠」、「除睡眠蓋」或其他概念；2.「不睡眠」的「般舟三昧」普及化的原因，前人研究未曾探討之。無論如何，與《般舟三昧經》相關的研究成果將成為本書論述所依據的基礎資料。

第四節　研究方法與步驟

　　本書的研究方法將以文獻探討為主軸，先釐清《般舟三昧經》的文本問題及其傳譯系譜，進而在相關研究問題上，將不同譯本中的平行經文加以對照，以取得經典的原意。由於《般舟三昧經》梵本已經佚失，為釐清「除睡眠」、「除睡臥」、「棄於睡眠」、「不得臥出」等詞義問題，本書唯有以支婁迦讖所譯的三卷本《般舟三昧經》❻做為主要研究文本，輔以漢譯現存三個異譯本，即：隋·闍那崛多所譯《賢護分》❻、《佛說般舟三昧經》❻、及失譯的《拔陂菩薩經》❻，還有 Harrison（1978）校訂的藏譯本❻，以及現代譯本❻，進而將這些詞在

---

❻ 收錄於《大正藏》，T13，no. 418。

❻ 收錄於《大正藏》，T13，no. 416。

❻ 收錄於《大正藏》，T13，no. 417。此經譯者雖掛上「支婁迦讖」之名，但依據學界的考究實另有其人，或主張此經由三卷本《般舟三昧經》略出，種種推斷仍未有定論。

❻ 收錄於《大正藏》，T13，no. 419。

❻ Paul M. Harrison, *The Tibetan text of the Pratyutpanna-Buddha-Saṃmukhāvasthita-*

不同譯本中所表達的概念進行比對分析。接著，再考察這些詞在其他漢譯經論及祖師著作中的定義。最後，依據佛教思想史的發展脈絡，考察《阿含》、《尼柯耶》至部派阿毘達磨與注釋文獻對「睡眠」的定義與歸類，由此反觀「除睡眠」的意義。

另外，《般舟三昧經》「除睡眠」之實踐，似乎與「頭陀苦行」有關。本書將從佛教歷史的角度切入，考察「頭陀行者」與大乘經的關係，進而探討「頭陀」在《般舟三昧經》的定位。最後，從「頭陀」的角度探討「除睡眠」之實踐，以釐清「除睡眠」等詞義。

針對九十日「不睡眠」成為「般舟」行法一大主流的原因，本書將依據歷史年代，從古德留下的文獻，探討「般舟三昧」行法在中國流傳的過程中，如何與「常行三昧」行法逐漸「合而為一」。接著，比對《般舟三昧經》所記載的「般舟三昧」與《摩訶止觀》的「常行三昧」，以釐清兩者之間的關係。最後，釐清智者大師對「除睡眠」的觀點。

Samādhi-Sūtra.

❻ 本書所考究的現代譯本包括：Harrison 對三卷本《般舟三昧經》之英譯、藏文本之英譯，以及日本林純教藏文本之日語翻譯。詳見：

（1）Paul M. Harrison, John McRae, trans. *The Pratyutpanna Samādhi Sutra. The Śūraṅgama Samādhi Sutra.*

（2）Paul M. Harrison, *The Samādhi of Direct Encounter with the Buddhas of the Present : An Annotated English Translation of the Tibetan Version of the Pratyutpanna-Buddha-Saṃmukhāvasthita-Samādhi-Sūtra.*

（3）林純教，《蔵文和訳般舟三昧経》。

第五節　論文架構

本書共分為六章。

第一章為〈緒論〉，闡述本書的研究動機與研究目的，綜述前人研究成果，說明研究方法與章節架構。

第二章為〈《般舟三昧經》之傳譯與實踐〉，旨在介紹本研究主題的背景知識，為後續探討所作的鋪陳。第一節：釐清《般舟三昧經》的傳譯情形以及各譯本之間的關係。第二節：將漢、藏譯本《般舟三昧經》各品架構相互比對。第三節：經題之探討。第四節：探討《般舟三昧經》的修行次第，勾勒出《般舟三昧經》完整的修行地圖，並探討「除睡眠」在整體修法中的定位。

第三章為〈《般舟三昧經》「除睡眠」之詞義考〉，旨在釐清《般舟三昧經》中「除睡眠」等詞的涵義，乃是本書義理探討的核心章節。第一節：主要通過四個現存漢譯本、藏譯本與英譯本的比對分析，探討「除睡眠」的詞義。第二節：主要探討「除睡眠」等詞在其他漢譯經論中所表達的意涵，兼考察中國古德對這些詞的詮釋。第三節：追溯早期佛教至部派佛教之阿毘達磨與注釋文獻對「睡眠」的定義與歸類，由此反觀諸部派對於「除睡眠」的立場。

第四章為〈《般舟三昧經》「除睡眠」與「頭陀」的關係〉，旨在從頭陀苦行的立場檢視《般舟三昧經》中「除睡眠」的涵義。第一節：釐清當機眾 Bhadrapāla 與「頭陀」的關係。第二節：釐清《般舟三昧經》諸譯本與「頭陀」的關係。第三節：由「頭

陀」的角度檢視「除睡眠」之實踐。第四節：探討修行者之實踐若超過「頭陀苦行」的範圍，連「中夜」亦「不睡眠」的話，世尊及祖師大德將如何看待之？最後，反觀「不睡眠」的「般舟三昧」，探討其可行性。

　　第五章為〈以「不睡眠」做為「般舟三昧」行法之源流考〉，旨在追溯「不睡眠」成為後世「般舟行法」主流的原因及其流變。第一節：從《般舟三昧經》的整體修法，探討修持「般舟三昧」的各種姿勢。第二節：考察「九十日不睡眠」成為「般舟三昧」主要修法的原因，並釐清「般舟三昧」與「常行三昧」之關係。第三節：探討智者大師對「除睡眠」的觀點。

　　第六章為〈結論〉，為全文的總結，以重點提要的方式說明本研究的成果以及未來的研究方向。

第二章 《般舟三昧經》之傳譯與實踐

第一節 《般舟三昧經》之傳譯

大乘佛教在印度興起之時,大量的大乘經典隨之集出。可惜的是,大乘經之原典很少被保存下來。能夠流傳至今的大乘經,多以漢譯與藏譯為主,《般舟三昧經》即是其例。❶《般舟三昧經》屬於初期大乘經,其完整原典已佚失,被保存下來的有四部漢譯本以及一部藏譯本。現存於《大正藏》的四部漢譯本分別為:《般舟三昧經》三卷(T.418)、《般舟三昧經》一卷(T.417)、《拔陂菩薩經》(T.419)、《大方等大集經賢護分》五卷(T.416)。藏譯本經名為 'Phags pa da ltar gyi sangs rgyas mngon sum du bzhugs pa'i ting nge 'dzin ces bya ba theg pa chen po'i mdo,由釋迦光(Śakyaprabha)及寶護(Ratnarakṣita)譯於九世紀初,現存於各種西藏《甘珠爾》中。❷二十世紀初,赫恩雷(A. F. Rudolf Hoernle,1841 - 1918)在中亞的新疆于闐(Khadalik)發現梵文《般舟三昧經》的一頁殘片,現存於倫敦印度事務部圖書館(India Office Library of London),編號為

---

❶ Paul M. Harrison, *The Samādhi of Direct Encounter with the Buddhas of the Present*, p. xv.

❷ Paul M. Harrison, "Buddhānusmṛti in the Pratyutpanna-Buddha-Saṃmukhāvasthita-Samādhi-Sūtra," p. 40.

Hoernle MSS. No.143, SA.3。❸

一、《般舟三昧經》之漢譯過程

　　現存漢譯本雖有四，但《般舟三昧經》在中國前後共翻譯過七次。漢藏諸譯本的傳譯過程，以及諸譯本之間的關係極為複雜。下文先從中國的經錄考察《般舟三昧經》的翻譯情形，以梁・僧佑（445－518）《出三藏記集》、隋・法經（生卒年不詳）《眾經目錄》、唐・智昇（681－731）《開元釋教錄》為主要依據。接著，釐清現存漢譯諸本之間的關係、譯者問題、成立順序。

（一）《出三藏記集》

　　《般舟三昧經》在中國傳譯的情形，依據僧佑之《出三藏記集・新集經論錄》，當時有：月支國沙門支讖所譯《般舟般三昧經》一卷❹、《般舟三昧經》二卷❺。《出三藏記集・新集異出經錄》則提到《般舟三昧經》有二異譯本：1. 支讖譯出，二卷；2. 竺法護譯出，二卷。❻儘管支婁迦讖所譯的「一卷」或作「二卷」，可能是傳寫的筆誤，但支婁迦讖與竺法護所譯

---

❸ 山田龍城著、許洋主譯，《梵語佛典導論》，頁 270；Paul M. Harrison, *The Samādhi of Direct Encounter with the Buddhas of the Present*, pp. 275-279.

❹ 《出三藏記集》卷 2，CBETA, T55, no. 2145, p. 6b12。

❺ 同上，CBETA, T55, no. 2145, p. 8a1。

❻ 同上，CBETA, T55, no. 2145, p. 14b20-21。《出三藏記集》所謂「支讖」

的二本，當時確實有本可據。❼此外，還有一部失譯兼闕本的
《般舟三昧經》一卷。❽總括《出三藏記集》的資料如下：

經名／卷數	譯者	有／闕本
《般舟般三昧經》一卷（或二卷）	支婁迦讖	有
《般舟三昧經》二卷	竺法護	有
《般舟三昧經》一卷	失譯	闕

（二）《眾經目錄》

　　到了隋朝，依據法經等人所撰寫的《眾經目錄・大乘修多
羅藏錄第一》之〈眾經一譯一〉，當時有晉・竺法護所譯的《般
舟三昧經》二卷❾；接著，在〈眾經異譯二〉提到有另外三個
屬於《般舟三昧經》「別品別譯」的不完整譯本：1.後漢・支
婁迦讖所譯的《般舟三昧經》一卷，後十品之重翻；2.失譯《跋
陀菩薩經》一卷，初四品之重翻；3.《佛說般舟三昧念佛章經》
一卷，行品之重翻。❿總括如下：

　　即「支婁迦讖」，二名為同一人。此處係因典籍故稱之「支讖」，後文
　　統一採用「支婁迦讖」。
❼ 釋印順，《初期大乘佛教之起源與開展》，頁839-840。
❽ 《出三藏記集》卷4，CBETA, T55, no. 2145, p. 37b2。
❾ 《眾經目錄》卷1，CBETA, T55, no. 2146, p. 115c3。
❿ 同上，CBETA, T55, no. 2146, p. 120a23-b4。

經名	朝代／譯者
《般舟三昧經》二卷	西晉・竺法護
《般舟三昧經》一卷（是後十品）	後漢・支婁迦讖
《跋陀菩薩經》一卷（是初四品）	失譯
《佛說般舟三昧念佛章經》一卷（是行品）	失譯

（三）《開元釋教錄》

　　直到唐朝，《般舟三昧經》的漢譯本增加了。依據智昇《開元釋教錄・總括群經錄》的記載，《般舟三昧經》前後共有七譯，三存四闕。❶在七個譯本當中，支婁迦讖一人譯出兩本：1.《般舟三昧經》三卷（一名《十方現在佛悉在前立定經》，舊錄云：《大般舟三昧經》，或二卷，光和二年譯，初出）❷；2.《般舟三昧經》一卷（是後十品重翻，第三出。《祐錄》云：光和二年十月八日出）。❸

　　另外，後漢・竺佛朔（生卒年不詳）譯出《般舟三昧經》二卷，此譯本和支婁迦讖的譯本同時啟夾故，所以被記載為同日（光和二年十月八日）譯出。❹然而，這個譯本並非竺佛朔獨自完成，而是與支婁迦讖合作的翻譯。翻譯的過程，竺佛朔當「主譯」，將經文以原來語言誦讀出來；而支婁迦讖當「傳語」，將原文口譯為漢語，再由「筆受」記錄下來。經典被記

---

❶ 《開元釋教錄》卷 14，CBETA, T55, no. 2154, p. 627c19-27。

❷ 《開元釋教錄》卷 1，CBETA, T55, no. 2154, p. 478c9-10。

❸ 同上，CBETA, T55, no. 2154, p. 478c20-21。

❹ 同上，CBETA, T55, no. 2154, p. 482b16-23。

錄下來後，還需要跟原文校勘，才成定本。**⑮**此譯本的校勘工作，於建安十三年（208）才在許昌寺完成。**⑯**

　　後漢還有兩個譯本，即〈大乘經重譯闕本〉所記載的《般舟三昧念佛章經》一卷（是行品別翻，後漢失譯，<u>第四譯</u>）**⑰**及〈有譯有本錄中菩薩三藏錄〉記載的《拔陂菩薩經》一卷（一名《拔波菩薩經》，乃《般舟經》初四品異譯，<u>第五出</u>）。**⑱**

　　另外，西晉・竺法護譯出《般舟三昧經》二卷（《安公錄》云：更出《般舟三昧經》，<u>第六出</u>，見《僧祐錄》）。**⑲**最後一個漢譯本由隋・闍那崛多（523－600）所譯，名為《大方等大集賢護經》，五卷或六卷，題云《大方等大集經賢護分》，亦云《賢護菩薩經》，<u>第七譯</u>，開皇十四年十二月出，十五

---

⑮ 有關「隋代以前的譯經方式與程序」之研究，見曹仕邦，《中國佛教譯經史論集》，頁 10-18 及頁 100-103。

⑯ 《出三藏記集・般舟三昧經記第八》卷 7：「《般舟三昧經》，光和二年十月八日〔179〕，天竺菩薩竺佛朔於洛陽出。時傳言者〔為〕月支菩薩支讖，授與河南洛陽孟福字元士，隨侍菩薩張蓮字少安筆受。令後普著，在建安十三年〔208〕，於佛寺中挍定悉具足。後有寫者，皆得〔稱〕南無佛。又言：建安〔十〕三年，歲在戊子八月八日，於許昌寺挍定。」（CBETA, T55, no. 2145, p. 48c9-16）另外，梁・慧皎（497－554）在《高僧傳》卷 1 亦寫到：「時有天竺沙門竺佛朔，亦以漢靈之時，齎《道行經》來適雒陽，即轉梵為漢。譯人時滯，雖有失旨，然棄文存質，深得經意。〔竺佛〕朔又以光和二年〔179〕，於雒陽出《般舟三昧》，〔支婁迦〕讖為傳言，河南雒陽孟福、張蓮筆受。」（CBETA, T50, no. 2059, p. 324b21-25）

⑰ 《開元釋教錄》卷 14，CBETA, T55, no. 2154, p. 627c23-24。

⑱ 《開元釋教錄》卷 11，CBETA, T55, no. 2154, p. 589a2-3。

⑲ 《開元釋教錄》卷 2，CBETA, T55, no. 2154, p. 495b12。

年（594）二月訖。❷總括《開元釋教錄》的資料如下：

漢譯	經名／卷數	譯者	朝代	存／闕
第一譯	《般舟三昧經》三卷	支婁迦讖	後漢	存
第二譯	《般舟三昧經》二卷	竺佛朔	後漢	闕
第三譯	《般舟三昧經》一卷	支婁迦讖	後漢	闕
第四譯	《般舟三昧念佛章經》一卷	失譯	後漢	闕
第五譯	《拔陂菩薩經》一卷	失譯	後漢	存
第六譯	《般舟三昧經》二卷	竺法護	西晉	闕
第七譯	《大方等大集賢護經》五卷	闍那崛多	隋	存

二、現存漢譯本

　　雖然《開元釋教錄》記載當時只有三個譯本被保存下來，但現存《般舟三昧經》卻有四個譯本，收錄於《大正藏》為：

代號❷	現存漢譯本	譯者
T.418	《般舟三昧經》三卷	支婁迦讖
T.417	《般舟三昧經》一卷	支婁迦讖
T.419	《拔陂菩薩經》一卷	失譯
T.416	《大方等大集經賢護分》五卷	闍那崛多

　　T.418、T.419、T.416 相當於《開元釋教錄》之第一譯、第五譯、第七譯，而 T.417 則相當於《開元釋教錄》之第三

---

❷ 《開元釋教錄》卷 7，CBETA, T55, no. 2154, p. 548b14-15。

❷ 對於《般舟三昧經》現存四部漢譯的循序，本書依據成立年代之先後而予以排列（除了 T.417 做為 T.418 的節略本，兩者的相似度極高，所以被排在 T.418 之後）。後文的漢譯諸本比對，亦依此順序排列，即：T. 418 → T. 417 → T. 419 → T. 416。

譯。❷這四個漢譯本在文獻史上有著極複雜的問題,其中包括:一卷本《般舟三昧經》的譯者是誰?三卷本《般舟三昧經》有兩種版本,一者在《高麗藏》,另一者收於宋、元、明本《大藏經》,兩種版本的譯者是誰? T.418 的「偈頌」有被後人修訂的痕跡,修訂者是誰?漢藏諸譯本的成立順序為何?針對這些問題,目前的研究成果如下:

(一)三卷《般舟三昧經》之兩種版本

日本櫻部建發現支婁迦讖所譯的三卷《般舟三昧經》實有兩種版本:

【K】:收於《高麗藏》,為《大正藏》所參考的底本,相當於現存 T.418。❷

【SYM】:宋、元、明本的譯文,見於《大正藏》T.418 校勘欄。❷

經 Harrison(1990)之研究,這兩種版本的主要差異有三:

---

❷ 依據印順導師的考察,《眾經目錄》與《開元釋教錄》雖記載支婁迦讖所譯的一卷本為闕本,但確實就是現存的一卷本。然而,平川彰則認為《開元釋教錄》與現存於《大正藏》的支婁迦讖一卷本,兩者並非同本。參釋印順,《初期大乘佛教之起源與開展》,頁 840;平川彰,《初期大乘仏教の研究》,頁 209。

❷ 下文將以符號「K」表示《高麗藏》所錄三卷本《般舟三昧經》。

❷ 下文將以符號「SYM」表示宋、元、明本《大藏經》所錄三卷本《般舟三昧經》。

1. 緣起（nidāna）

兩個版本《般舟三昧經》一開頭的緣起部分就有很大的差異：

版本	平行經文
K	佛在羅閱祇摩訶桓迦憐，摩訶比丘僧五百人，皆得阿羅漢，獨阿難未。❷
SYM	聞如是：一時佛在羅閱祇迦鄰竹園中，與大比丘眾比丘五百人，皆是阿羅漢諸漏已盡無復塵垢，生死悉除而得自在，心已解脫照明於慧，譬如大龍聖智通達，所作已辦眾行具足，棄捨重擔所欲自從，已捨諸有其行平等，得制其心度於彼岸，唯除一人賢者阿難。

2. 偈頌（gāthā）

偈頌部分，K 本將〈四事品第三〉至〈譬喻品第四〉前半段（除了〈行品第二〉末）❷譯為「長行」，而 SYM 譯為「偈頌」。無論如何，從〈譬喻品第四〉後半段為始直到此經結束❷，兩者同譯為「偈頌」，內容亦一致。以《般舟三昧經‧四事品》為例，兩者的差異極為明顯：

版本	平行經文
K	時佛說偈而歎曰：「常當樂信於佛法，誦經念空莫中止，精進除睡臥，三月莫得懈。坐說經時，安諦受學，極當廣遠。若有供養饋遺者，莫得喜，無所貪慕，得經疾。佛者色如金光，身有三十二相，一相有百福功德，端政如天金成作。」❷

---

❷ 《般舟三昧經》卷 1，CBETA, T13, no. 418, p. 902c27-28。

❷ 相當於藏譯本 1-6 品，除了第 3 品有差異。

❷ 相當於藏譯本 7-26 品。

❷ 《般舟三昧經》卷 1，CBETA, T13, no. 418, p. 906a28-b9。

SYM	佛爾時頌偈曰： 常信樂於佛法，受誦是道德化； 精進行解深法，立具足等慈哀； 當普說佛經理，廣分布道法教； 慎無得貪供養，無所著得是法。 在不正瞋恚興，意善解便離欲； 常樂定三昧禪，謹慎行得是法； 當念佛本功德，天金色百福相； 諸種好有威德，現譬如像金山。

3. 遣詞用字：

　　K 與 SYM 之間共有 235 個遣詞用字上的微小差異。這些差異的原因可能是誤抄、或各自採用表達一樣意思的不同漢詞、或其中一個譯本在某句子中多加了一個字，舉例而言：

K	SYM	註
比此菩薩❷❾	比丘菩薩	K 誤抄
譬若有人❸⓿	譬如有人	不同詞，同樣意思
我當於後❸❶	我當於後世	SYM 多一字

　　從以上三種類的差異可以推測：K 與 SYM 是依據不同文本傳承之個別翻譯。K 本的初品至〈譬喻品第四〉前半段，可視為支婁迦讖最原始的翻譯，以「A 本」為其符號。K 本的〈譬喻品第四〉後半段開始直到最後一品〈佛印品第十六〉，以及

---

❷❾ 《般舟三昧經》卷 2，CBETA, T13, no. 418, p. 909b24。
❸⓿ 《般舟三昧經》卷 1，CBETA, T13, no. 418, p. 905a27-28。
❸❶ 《般舟三昧經》卷 2，CBETA, T13, no. 418, p. 909c18-19。

整部 SYM 本，可視為後來另一位譯者之譯作，以「B 本」為其符號。B 本的譯者是誰？目前仍是個謎。❸❷

（二）三卷本的譯者

儘管《開元釋教錄》記載著一卷和三卷本《般舟三昧經》同為「支婁迦讖」所譯，現存譯本中也確實有這兩本（T.417 及 T.418）。然而，一個人怎麼可能同時將同一部經翻譯兩次呢？釋印順（1981）認為現存的三卷本（T.418），與支婁迦讖慣用的譯語相近，無疑是支婁迦讖所譯。❸❸這樣的觀點只有一半正確，因為經 Harrison（1990）的研究，發現 T.418 之「長行」實為支婁迦讖所譯，但「偈頌」則出自另一人之手。Harrison 將 T.418 之「長行」與《道行般若經》（T.224 ❸❹，受學界認定為支婁迦讖所譯）比對之後，證實兩者的翻譯幾乎一致，舉例而言：❸❺

梵文術語	T.418 與 T.224 之翻譯
akaniṣṭha-deva	阿迦貳吒天 ❸❻

---

❸❷ Paul M. Harrison, *The Samādhi of Direct Encounter with the Buddhas of the Present*, pp. 221-235.
❸❸ 釋印順，《初期大乘佛教之起源與開展》，頁 840。
❸❹ 本書一律以 T.224 表示《道行般若經》（T08, no. 224）。
❸❺《道行般若經》（T.224），是唯一一部被學界肯定為支婁迦讖所譯的經典。因此，以《道行般若經》作比對，即可驗證三卷本《般舟三昧經》（T.418）的譯者是否是支婁迦讖。詳見 Paul M. Harrison, *The Samādhi of Direct Encounter with the Buddhas of the Present*, pp. 236-254。
❸❻《般舟三昧經》卷 1，CBETA, T13, no. 418, p. 903a17；《道行般若經》卷 2，

| anutpattika-dharma-kṣānti | 無所從生法樂❸❼ |
| dīpaṃkara | 提和竭羅❸❽ |

　　然而，T.418的「偈頌」所採用的譯語，與「長行」及《道行般若經》的譯語顯然不同，Jan Nattier（2008）舉了幾個例子：

對應的梵文	T.224	T.418（長行）	T.418（偈頌）
upāsaka	優婆塞	優婆塞	清信士
preta	薜荔	薜荔	餓鬼
niraya	泥梨	——	地獄
mahāsattva	摩訶薩	摩訶薩	大士
upāyakauśalya	漚和拘舍羅	——	善巧方便

　　由此可見，T.418的「偈頌」並非支婁迦讖所譯。換言之，支婁迦讖最初翻譯的《般舟三昧經》，已遭後人修訂。❸❾修訂的原因或許是支婁迦讖的譯本具有解讀上問題，導致後人嘗

CBETA, T08, no. 224, p. 435a15-18。

❸❼《般舟三昧經》卷1，CBETA, T13, no. 418, p. 905b27-28；《般舟三昧經》卷3，CBETA, T13, no. 418, p. 919b21-22；《道行般若經》卷5，CBETA, T08, no. 224, p. 451a14-15；《道行般若經》卷5，CBETA, T08, no. 224, p. 453c1-2。

❸❽《般舟三昧經》卷2，CBETA, T13, no. 418, p. 913c19-20；《般舟三昧經》卷3，CBETA, T13, no. 418, p. 915c10-11；《道行般若經》卷2，CBETA, T08, no. 224, p. 431a7-8；《道行般若經》卷6，CBETA, T08, no. 224, p. 458b1-10。

❸❾ Jan Nattier, *A Guide to the Earliest Chinese Buddhist Translations: Texts from the Eastern Han* 東漢 *and Three Kingdoms* 三國 *Periods*, p. 81.

試提供更易於解讀的譯本。❹然而，是誰修訂了支婁迦讖的譯本呢？Harrison 提出兩個可能性：竺法護或支謙。❹ Jan Nattier（2008）在這基礎上，舉出支謙所譯的《慧印三昧經》（T.632）與《般舟三昧經》（T.418）之間多個相似處，如：T.418「長行」與「偈頌」之間的差異，同樣在 T.632 出現；T.632 及 T.418 的大部分譯語與支婁迦讖的《道行般若經》（T.224）是相同的。由此推測支婁迦讖所譯《般舟三昧經》的修訂者，以支謙的可能性較高。❹

（三）一卷本的譯者

現存的一卷本《般舟三昧經》（T.417）雖說是「支婁迦讖」所譯，而且部分譯語與支婁迦讖所譯三卷本（T.418）的譯語相合，但經中「涅槃」、「總持」等譯語及序文，都不可能是後漢（25－220，亦名東漢）用語，近於晉代（265－420）的譯品。❹因此，T.417 並非獨立的譯本，而是某人將 T.418 加以「濃縮」的校訂本。❹誰是那位修訂者呢？竺法護是其中一個可能性。竺法護所譯的《摩訶般若波羅蜜鈔經》，有些部分直接引用支婁迦讖《道行般若經》的譯語。這種部分採用古譯，

---

❹ ibid., p. 80.

❹ ibid., p. 249.

❹ ibid., p. 83.

❹ 釋印順，《初期大乘佛教之起源與開展》，頁 840。

❹ Paul M. Harrison, *The Samādhi of Direct Encounter with the Buddhas of the Present*, p. 253.

部分新譯的方式，與 T.417 的譯法很相近。❹

　　由上所見，很多譯本皆名為「支婁迦讖」所譯，但事實並非如此。支婁迦讖是後漢譯經界的代表人物，當時是佛教輸入中國的初期。後來的《高僧傳》對他的生平記載摻雜了不少傳聞。此外，依不同經錄的記載，支婁迦讖所譯的經典數量越來越龐大：

　　　　《出三藏記集》錄十三部二十七卷❹；

　　　　《長房錄》錄二十一部六十三卷❹；

　　　　《開元錄》錄二十三部六十七卷❹。

　　何以其翻譯的數量在《長房錄》突然加倍？其中必然有不少是後人踵事增華而附會於支婁迦讖身上者。❹

三、《般舟三昧經》的傳譯系統

　　在還未傳入中國以前，《般舟三昧經》在印度的集成時間為何？目前仍無定論，但不同學者之間卻有一致的觀點。其中，Harrison（1990）依據《賢護分・戒行具足品》提到的「如來滅後，後五百歲……此三昧典復當流行於閻浮提」，推測此經在印度的集出時間為西元一世紀。❺釋印順（1994）則依據

---

❹ 釋印順，《初期大乘佛教之起源與開展》，頁 840。

❹ 《出三藏記集》卷 2，CBETA, T55, no. 2145, p. 6b25-27。

❹ 《歷代三寶紀》卷 4，CBETA, T49, no. 2034, p. 49c12-13。

❹ 《開元釋教錄》卷 1，CBETA, T55, no. 2154, p. 479a7-8。

❹ 王文顏，《佛典漢譯之研究》，頁 68。

❺ Paul M. Harrison, *The Samādhi of Direct Encounter with the Buddhas of the Present*, p. xvii.

此經列舉的「八大菩薩」推斷《般舟三昧經》的成立,約為《下品般若》集成後,而《中品般若》還在成立的過程中,即西元一世紀末左右。❺藤田宏達(2004)亦支持這樣的觀點,認為淨土經典最原始形態成立於西元一世紀末。❺

　　《般舟三昧經》,最初由支婁迦讖從西域傳入漢地,並於西元一七九年譯為漢文。接著,此經在漢地一共被翻譯了七次,但現存只有四部漢譯本。除此之外,還有藏譯本、梵文殘卷、《十住毘婆沙論》引用的《般舟三昧經》。依據 Harrison(1990)的研究,其成立過程如下:❺

　　支婁迦讖於西元一七九年譯出的《般舟三昧經》,最原始的部分只相當於 K 本的〈問事品第一〉至〈譬喻品第四〉前半段(A 本)。三卷本《般舟三昧經》(B 本)是比較後期才形成的,但不確定 A 和 B 所依據的梵本是否一樣。《拔陂菩薩經》的形成則不晚於西元三世紀,它代表著介於 A 和 B 本之間的梵本形式。到了四至五世紀之間,身分不明者將 B 本節略成為一卷本,卻掛上「支婁迦讖」之名。西元五九五年,闍那崛多重新翻譯《般舟三昧經》,名為《賢護分》,此譯本雖然比之前的譯本詳細,但是其基本架構依然不變。到了八世

---

❺ 釋印順,《初期大乘佛教之起源與開展》,頁 850-851。
❺ 藤田宏達著、釋印海譯,《淨土教思想論》,頁 11。
❺ 關於《般舟三昧經》的形成順序,及其在思想史上的地位等問題,末木文美士認為 Harrison 所導出的結論,乃迄今為止最為妥當的。(參末木文美士,〈《般舟三昧經》──形成史與思想史若干問題之研究〉,頁139)

紀，B 本、《賢護分》、《拔陂菩薩經》三者才在漢地被普遍使用。九世紀初，《般舟三昧經》才被翻譯成藏文，它的形式有別於漢譯諸本。

　　依據 Harrison（1990）的研究成果，《般舟三昧經》從最原始的梵本，開展出三支主要傳譯系統：1. 藏譯本；2. 三卷本《般舟三昧經》；3.《賢護分》，包括現存的一頁梵文殘卷，以及《十住毘婆沙論》所引用的《般舟三昧經》。《拔陂菩薩經》則介於 2 和 3 之間。❺將上述《般舟三昧經》的傳譯系統化為圖表，結果如下：

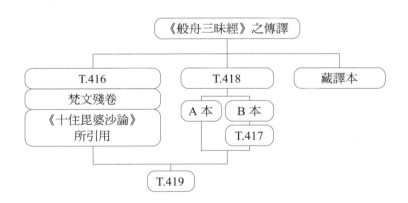

---

❺ Paul M. Harrison, *The Samādhi of Direct Encounter with the Buddhas of the Present*, pp. 270-272.

四、現存各種語言譯本

以上已將《般舟三昧經》諸譯本的成立過程加以釐清。以下則將現存的漢、藏譯本，以及現代譯本作一簡單介紹：❺

1. T.418：《般舟三昧經》，三卷十六品。

   支婁迦讖（Lokakṣema）譯於後漢光和二年（179）。此經有兩種版本：A 本，只有部分翻譯，收於《高麗藏》；B 本，屬於完整的翻譯，收於宋、元、明本《大藏經》。❺ 有關這兩種版本之間的複雜關係，Harrison（1990）曾作詳細探究。❺

2. T.417：《般舟三昧經》，一卷八品。

   此經雖被題為「支婁迦讖」譯，但學界一致認為它出自另一人的手筆。

3. T.419：《拔陂菩薩經》，一卷，失譯。

   此經不分品目，其篇幅與內容僅相當於《般舟三昧經》的前四品。此經大約在後漢或之後（三世紀）譯成。❺

4. T.416：《賢護分》，五卷十七品，隋·天竺三藏闍那崛多譯。

---

❺ 第 1-9 項，參 Paul M. Harrison, *The Samādhi of Direct Encounter with the Buddhas of the Present*, pp. xv-xvii. 第 10-13 項，為筆者補入。

❺ ibid., p. xvi.

❺ ibid., pp. 221-247.

❺ Paul M. Harrison, *The Samādhi of Direct Encounter with the Buddhas of the Present*, p. xvi. 有關《拔陂菩薩經》的詳細探討，另見 Paul M. Harrison, *The Samādhi of Direct Encounter with the Buddhas of the Present*, pp. 216-220。

開皇十五年（595）譯於長安大興善寺。❺此譯本的內
容部分與 T.418 一致，部分卻與藏譯本一致。然而，
出現於 T.418 或藏譯本的一些文脈，在 T.416 卻無法找
到。❻從《賢護分》引用許多標準譯詞、前後文脈的
一致性等特質，可知它是比藏譯本發展得更詳細與完
整的譯本。❻

5. 藏譯本 *'Phags pa da ltar gyi sangs rgyas mngon sum du
bzhugs pa'i ting nge 'dzin ces bya ba theg pa chen po'i
mdo*（= *Ārya-pratyutpanna-buddha-saṃmukhāvasthita-
samādhi-nāma-mahāyāna-sūtra*）收於各個版本《甘珠
爾》西藏大藏經中，包括：

德格（Sde dge）Mdo Na 1b-70b2；

奈塘（Snar thang）Mdo Tha 1-115a6；

北京 Mdo Du 1-73a5；

拉薩（Lha sa）Mdo Tha 1b-106b4；

寶宮 Mdo Ma 296a1-403b6。

6. 梵文殘卷

二十世紀初，僅僅一頁的梵文《般舟三昧經》殘片在

---

❺ Paul M. Harrison, *The Samādhi of Direct Encounter with the Buddhas of the
Present*, p. xvi.

❻ Paul M. Harrison, *The Samādhi of Direct Encounter with the Buddhas of the
Present*, p. 272.

❻ 有關《賢護分》之文本探討，見 Paul M. Harrison, *The Samādhi of Direct
Encounter with the Buddhas of the Present*, pp. 212-215。

中亞的新疆于闐（Khadalik）被發現，現存於倫敦印度
事務部圖書館（India Office Library of London），編號
為 Hoernle MSS. No.143, SA.3。

7. 蒙文譯本 *Qutug-tu edüged-ün burqan iledde sagugsan samadi kemegdeküi yeke kölgen sudur*，收於蒙古《甘珠爾》大
藏經 No. 890, Vol. 72（第 13 經），1-94a，乃由藏譯本
翻譯過來。❷

8. 三卷本《般舟三昧經》（T.418）之日譯，由望月信亨
以傳統訓讀翻譯，收於《國譯一切經》卷四十四，頁
255-318。

9. 一卷本《佛說般舟三昧經》（T.417）之日譯，由櫻部
建（1975b）以傳統訓讀翻譯，收於《般舟三昧経記》，
頁 47-71。安居事務所編，東本願寺出版部。（安居次
講，昭和 51 年度）

10.Harrison（1978）以「德格版」為底本，輔以「奈
塘」、「北京」、「拉薩版」校訂而成的藏譯《般舟
三昧經》*The Tibetan text of the Pratyutpanna-Buddha-Saṃmukhāvasthita-Samādhi-Sūtra*。此校訂版採用的是
USLC 羅馬轉寫。Tokyo: Reiyukai Library 出版。

11.Harrison（1990）將其新訂藏譯本翻譯成英文，名為
The Samādhi of Direct Encounter with the Buddhas of the

---

❷ Paul M. Harrison, *The Samādhi of Direct Encounter with the Buddhas of the Present*, p. xvi .

Present: An annotated English Translation of the Tibetan Version of the Pratyutpanna-Buddha-Saṃmukhāvasthita-Samādhi-Sūtra. Tokyo: International Institute for Buddhist Studies.

12. Harrison（1998）將三卷本《般舟三昧經》（T.418）譯成英文，收於 *The Pratyutpanna Samādhi Sutra; The Śūraṅgama Samādhi Sutra*, pp. 1-116. Berkeley, CA: Numata Center.

13. 林純教（1994），《藏文和訳般舟三昧經》。東京：大東出版社。

此翻譯的底本為《影印北京版西藏大藏經》第三十二卷所收錄的《般舟三昧經》*ḥphags pa da ltar gyi saṅs rgyas mṅon sum du bźugs paḥi tiṅ ṅe ḥdzin ces bya ba theg pa chen poḥi mdo*，兼參考現存四部漢譯本以及 Harrison 校訂的藏譯本。❻³

第二節　漢、藏《般舟三昧經》架構比對

現存四部漢譯本除了《拔陂菩薩經》不分品數外，一卷本《般舟三昧經》有八品；三卷本《般舟三昧經》，分十六品；《賢護分》分為十七品；藏譯本，分為二十六品。釋印順

---

❻³ 林純教，《藏文和訳般舟三昧経》，頁 v。

（1981）依據經典的內容，將漢譯本之間的架構做了比對。❻

另外，Harrison（1978）則將漢、藏諸譯本進行對照。❺以
下綜合兩者的研究成果，將三部漢譯本及 Harrison 修訂本藏
譯《般舟三昧經》之品類相互對照，如下：

《般舟三昧經》	《般舟三昧經》	《賢護分》	《藏譯本》
T.417	T.418	T.416	Harrison 修訂
問事品　第一	問事品　第一	思惟品　第一	1 2A-2C
行品　第二	行品　第二		2D-2J 3
四事品　第三	四事品　第三	三昧行品　第二	4
		見佛品　第三	5
譬喻品　第四	譬喻品　第四	正信品　第四	6
		受持品　第五	7
——	無著品　第五	觀察品　第六	8
四輩品　第五	四輩品　第六	戒行具足品　第七 （缺 9M,10,11D,12）	9 10 11 12
——	授決品　第七		13
擁護品　第六	擁護品　第八	稱讚功德品　第八	14
——	羼羅耶佛品 第九	饒益品　第九	15
——	請佛品　第十	具五法品　第十	16
		授記品　第十一	17
		甚深品　第十二	18

---

❻ 釋印順，《初期大乘佛教之起源與開展》，頁 841-842。

❺ Paul M. Harrison, *The Tibetan text of the Pratyntpanna-Buddha-Saṃmukhāvasthita-Samādhi-Sūtra*, pp. 238-239.

	無想品　第十一	現前三昧十法八法品第十三	19
——	十八不共十種力品　第十二	不共功德品第十四	22A 20A-J
勸助品　第七缺 23G，V	勸助品　第十三	隨喜功德品第十五	23A-G
	獅子意佛品第十四	缺 23G	23H-V
至誠品　第八	至誠佛品第十五	覺悟品　第十六	23W-X
——	佛印品　第十六	囑累品　第十七	24A-B 26B-F

第三節　經題之探討

在深入探討《般舟三昧經》「除睡眠」之前，有必要先釐清經題「般舟三昧」之意義。所謂「名正言順」，唯有名義正當，後續的探討才能不偏不倚。

一、「般舟」之意

支婁迦讖所譯的《般舟三昧經》，其他漢譯本的經題分別為《拔陂菩薩經》及《大方等大集經賢護分》。三個經題看似各異，實有密切關係。《拔陂菩薩經》的「拔陂」是音譯詞，相當於梵語 Bhadrapāla，在《般舟三昧經》則譯為「跋陀和」，在《賢護分》則為「賢護」。梵語 Bhadra-pāla 之涵義，相當於漢語「賢護」。因此，「拔陂」、「跋陀和」、「賢護」其實是同一個人，只是前二者是採用音譯，後者採用意譯。

Bhadrapāla 是《般舟三昧經》的當機眾,佛為其解說念佛、見佛的法門——「般舟三昧」。

漢語「般舟三昧」是外來詞,「三昧」相當於梵語 samādhi,意為「定」,三學之一。「般舟」又是什麼意思呢?中國歷代古德對於「般舟」二字似乎有幾種翻譯,依據年代順序如下:

朝	古德	著作	對般舟之翻譯
隋	智顗 (539－598)	《摩訶止觀》	常行三昧……出《般舟三昧經》,翻為「**佛立**」。❻❻
隋	吉藏 (549－623)	《大乘玄論》	「般舟」,翻為「**現前**」。「**現前**」者,現前見佛。❻❼
隋	吉藏 (549－623)	《淨名玄論》	「般若舟」,翻為「**現前**」。「**現前**」者,現前見佛。❻❽
唐	善導 (613－681)	《依觀經等明般舟三昧行道往生讚》	梵語名「般舟」,此翻名「**常行道**」。或七日、九十日身行無間,總名「三業無間」,故名「般舟」也。❻❾
唐	飛錫 (生卒不詳)	《念佛三昧寶王論》	梵云「般舟」,此云「**現前**」,謂「思惟不已,佛現定中」。凡九十日「**常行道**」者,助般舟之緣,非正釋其義也。❼⓿
唐	湛然 (711－782)	《法華文句記》	「般舟」,翻「**佛立**」。❼❶

❻❻ 《摩訶止觀》卷 2,CBETA, T46, no. 1911, p. 12a19-21。
❻❼ 《大乘玄論》卷 4,CBETA, T45, no. 1853, p. 59b27-28。
❻❽ 《淨名玄論》卷 5,CBETA, T38, no. 1780, p. 887c20-21。
❻❾ 《依觀經等明般舟三昧行道往生讚》卷 1,CBETA, T47, no. 1981, p. 448b18-20。
❼⓿ 《念佛三昧寶王論》卷 2,CBETA, T47, no. 1967, p. 140a26-28。
❼❶ 《法華文句記》卷 3,CBETA, T34, no. 1719, p. 201c11-12。

宋	智圓 （976－1022）	《維摩經略疏垂裕記》	「般舟」，此云「佛立」。**⓻**
宋	知禮 （960－1028）	《金光明經文句記》	「般舟」，此云「佛立」。**⓼**
宋	從義 （1042－1091）	《金光明經玄義順正記》	《止觀》云：「『般舟』，此云『佛立』」。**⓽**
宋	從義 （1042－1091）	《金光明經文句新記》	「般舟」，此云「佛立」。**⓾**
宋	法雲 （1088－1158）	《翻譯名義集》	「般舟」，此云「佛立」。**⓻⓺**
明	大佑 （1334－1407）	《淨土指歸集》	梵語「般舟」，此云「佛立」。**⓻⓻**

由上可見，將「般舟」譯為「佛立」的古德最多，包括：智顗、湛然、智圓、知禮、從義、法雲、大佑，皆屬天台門人。由從義（1042－1091）《金光明經玄義順正記》的一段話「《止觀》云：『般舟』，此云『佛立』」，可知天台門人繼承了《摩訶止觀》的說法。

　　天台系統以外，淨土二祖善導大師（613－681）將「般舟」譯為「常行道」，認為「身口意三業，無間斷地用功」即是「般舟」之意。然而，飛錫卻不認同善導的說法，認為「常行道」

⓻《維摩經略疏垂裕記》卷 2，CBETA, T38, no. 1779, p. 732c1。
⓼《金光明經文句記》卷 3，CBETA, T39, no. 1786, p. 116a20-21。
⓽《金光明經玄義順正記》卷 3，CBETA, X20, no. 359, p. 349c9。
⓾《金光明經文句新記》卷 4，CBETA, X20, no. 360, p. 421b12。
⓻⓺《翻譯名義集》卷 4，CBETA, T54, no. 2131, p. 1112b25。
⓻⓻《淨土指歸集》卷 1，CBETA, X61, no. 1154, p. 383b18-19。

只是「助」般舟之緣，並非「般舟」的真實義，理應譯為「現前」。三論宗祖師吉藏（549－623）在《大乘玄論》及《淨名玄論》亦將「般舟」譯為「現前」，但其詮釋與飛錫卻截然不同。飛錫的「現前」是指「顯現」或「出現」，所謂「思惟不已，佛〔顯〕現〔於〕定中」，這可能受到《賢護分》「菩薩思惟諸佛現前三昧」的影響；而吉藏的「現前」是指「現在」或「當下」，所謂「現前見佛」，即當下見佛，而不是等到臨終或往生極樂世界後才見佛。

統而言之，中國古德對於「般舟」的翻譯共有四種：1. 佛立；2. 常行道；3. 現前（顯現）；4. 現前（現在或當下）。四者之間的涵義可說差距極大，何者才是「般舟」正確的翻譯呢？欲解答此問題，必須對「般舟」二字追本溯源。

「般舟」相當於梵語 pratyutpanna 的前兩個音節，但它更像中亞方言，如混合梵語（Prakrit）paccuppaṇṇa 前兩個音節的音譯。❼因此，單單「般舟」（pratyut 或 paccu）並不算一個完整的字，所以沒有什麼意思。然而，從梵語的角度而言，pratyutpanna 是由過去分詞 utpanna 加上前綴 prati 所組成，可當作形容詞使用。其中，utpanna 源自於字根 "√ pad" 加上前綴 "ud" 所組成。"ud- √ pad" 有生起（arise）、出現（come forth）、顯現（appear）等義。在複合詞中，prati 有「前」（before）、在面前（in the presence of）、「在」（on,

❼ Paul M. Harrison, *The Samādhi of Direct Encounter with the Buddhas of the Present*, p. 5.

at）等意思。因此 prati-utpanna 可理解為「已現前的」（what has appeared before someone），在某種程度上帶有動詞的意味，這也許是飛錫把「般舟」翻為「現前」（思惟不已，佛現定中）的理由吧！無論如何，任何一個詞往往都有超過一個意思，須依據它所處的文脈來判斷其應有的意思。在梵文角度往往以某事物顯「現」在我們眼「前」，表示它處於「現在」或「當下」這一刻。換言之，pratyutpanna 指的是「現在的」，相對於 atīta（過去的）與 anāgata（未來的）。❼❾就 pratyutpanna-buddha-saṃmukhāvasthita-samādhi 而言，pratyutpanna 應做為形容詞修飾 buddha，表示「現在的佛」（而不是過去的佛，或未來的佛）。這樣的理解，符合初期大乘之時代脈絡，因為大乘的興起與十方「現在佛」的觀念有著密切關係。❽❿

　　綜上所述，在中國古德的四種翻譯中，吉藏將「般舟」譯為「現前」（現在或當下）可說最接近梵語 pratyutpanna 之意。

---

❼❾ 漢語「過去」、「現在」、「未來」三個詞，其實是仿譯自梵文。atīta 是複合詞 ati √ i 的過去分詞形態：√ i 意為「去」，前綴 ati- 意為「超過，越過」，仿譯就成為漢語「過去」；pratyutpanna 是複合詞 prati-ut- √ pad 的過去分詞形態，ut- √ pad 意為「顯現、出現」，prati 意為「在」，仿譯之後就成為漢語「現在」這個詞；anāgata 是否定複合詞 an-āgam 的過去分詞形態，ā √ gam 意為「來」，加上一個否定詞 an-，仿譯之後就成為漢語「未來」。（參朱慶之，〈論佛教對古代漢語詞彙發展演變的影響〉下，頁 13）

❽❿ 有關大乘佛法的興起，與十方「現在佛」的關係，參釋印順，《初期大乘佛教之起源與開展》，頁 463-465；Paul M. Harrison, "Buddhānusmṛti in the Pratyutpanna-Buddha-Saṃmukhāvasthita-Samādhi-Sūtra," p. 39; Paul Williams, *Mahāyāna Buddhism: The Doctrinal Foundation*, p. 211。

然而，pratyutpanna 屬於形容詞，指「現在的」，吉藏卻將「般舟」當作時間副詞「現在」（now）。至於其他的譯詞——「佛立」、「常行道」與「現前」（顯現），距離 pratyutpanna 應有的意思似乎遠了一些。

二、「般舟三昧」之意

基本上，「般舟三昧」相當於梵語 pratyutpanna samādhi，pratyutpanna 即「現在的」，而 samādhi 即「三昧」，兩者合起來即為「現在的三昧」。可是，何為「現在的三昧」？遍尋諸經，似乎沒有這樣的三昧。然，依據藏譯《般舟三昧經》的 經 題 'Phags pa da ltar gyi sangs rgyas mngon sum du bzhugs pa'i ting nge 'dzin ces bya ba theg pa chen po'i mdo（相當於梵語 Ārya-pratyutpanna-buddha-saṃmukhāvasthita-samādhi-nāma-mahāyāna-sūtra），pratyutpanna samādhi 可 謂 pratyutpanna-buddha-saṃmukhāvasthita-samādhi 之 略 稱。 對 於 完 整 的 pratyutpanna-buddha-saṃmukhāvasthita-samādhi，漢譯諸本之間的翻譯略有差異：

代號	經題	「般舟三昧」之完整翻譯
T.418	三卷本	現在諸佛悉在前立三昧[81]
T.417	一卷本	十方諸佛悉在前立三昧[82] 現在諸佛悉在前立三昧[83]

[81] 《般舟三昧經》卷 1，CBETA, T13, no. 418, p. 905a5-6；《般舟三昧經》卷 1，CBETA, T13, no. 418, p. 906b28-29。

[82] 《般舟三昧經》，CBETA, T13, no. 417, p. 898b3-4。

[83] 同上，CBETA, T13, no. 417, p. 899a9-10。

| T.419 | 《拔陂菩薩經》 | 見在佛定意❽❹
現在佛面住定意❽❺
見在佛面見住上定意❽❻
見在佛住止定意❽❼ |
| T.416 | 《賢護分》 | 思惟諸佛現前〔菩薩〕三昧❽❽
菩薩思惟諸佛現前三昧❽❾
菩薩念一切佛現前三昧❾⓪
正念諸佛現前三昧❾❶ |

由上可見，T.418 與 T.417 的譯語一致，即「現在諸佛悉在前立三昧」。雖然 T.417〈問事品〉亦出現「十方諸佛悉在前立三昧」，事實上「現在」諸佛，指的就是「十方」現在的一切佛。當「般舟三昧」修習成就時，能於定中見十方現在的一切佛，所以稱之為「現在佛悉立在前的三昧」。

在 T.419 中出現四個不規則的翻譯。其中，「現在佛定意」相當於梵語 pratyutpanna-buddha-samādhi，「現在佛住止定意」相當於 pratyutpanna-buddha-avasthita-samādhi，而「現在

---

❽❹ 「見」應當是「現」的誤刻。《拔陂菩薩經》，CBETA, T13, no. 419, p. 921b18。

❽❺ 《拔陂菩薩經》，CBETA, T13, no. 419, p. 921c29。

❽❻ 「上」應當是「止」的誤刻。見《拔陂菩薩經》，CBETA, T13, no. 419, p. 922b10-12。

❽❼ 「止」為《宋》、《元》、《明》本所用，《大正藏》作「正」，此處依宋、元、明本。見《拔陂菩薩經》，CBETA, T13, no. 419, p. 923b26。

❽❽ 《大方等大集經賢護分》卷 1，CBETA, T13, no. 416, p. 874c12-13。

❽❾ 同上，CBETA, T13, no. 416, p. 875b18-25。

❾⓪ 同上，CBETA, T13, no. 416, p. 874c17。

❾❶ 同上，CBETA, T13, no. 416, p. 876b19-20。

佛面住定意」則相當於 pratyutpanna-buddha-saṃmukhāvasthita-samādhi。換言之，T.419 含括了梵語經題或長或短的翻譯。

另外，T.416 亦有幾種大同小異的翻譯，包括：「思惟諸佛現前菩薩三昧」、「菩薩思惟諸佛現前三昧」、「菩薩念一切佛現前三昧」。顧名思義，此三昧為菩薩所修，所以稱為「菩薩三昧」。

由上可見，漢譯諸本對於「般舟三昧」（pratyutpanna samādhi）的「完整」翻譯，大體上不離 pratyutpanna-buddha-saṃmukhāvasthita-samādhi 應有的意思，彼此之間最大的差異莫過於對 saṃmukhāvasthita 採用了不同的譯語，這一點值得注意：

異譯本	saṃmukhāvasthita 之漢譯
T.418、T.417	在前立
T.419	面住
T.416	現前

T.418 與 T.417 將 saṃmukhāvasthita 譯為「在前立」，容易讓人認為「現在諸佛」是以固定的姿勢──「站立」出現於定境中，如湛然（711－782）在《止觀大意》就說：「〔三昧〕成〔就〕時，能見十方佛在室中立。」❷另外，知禮（960－1028）於《金光明經文句記》亦說：「三昧成時，見十方佛在

---

❷《止觀大意》：「『常行』出《般舟三昧經》，亦名『佛立三昧』。成時，見十方佛在室中立。」（CBETA, T46, no. 1914, p. 459c11-13）

虛空中立。」❸兩者的差別只在於十方佛在「室」中立或在「虛空」中立。Harrison（1990）也因此提出了「誰與誰面對面站立？」的問題。❹然而，依據《般舟三昧經・問事品》所記載，當「般舟三昧」成就時，所見到的佛不一定是「站立」的：

> 不持仙道、羅漢、辟支佛眼視；不於是間〔命〕終〔之後〕，生彼間佛剎，爾〔時〕乃見；便於是間坐，悉見諸佛，悉聞諸佛所說經，悉皆受。譬如我今於佛前，面見佛。❺

譬如當時跋陀和「坐」於佛前，而佛亦「坐」著為弟子們說法，菩薩於定境中見佛聞法亦如是。三昧中所見的佛是「坐」還是「立」，或許與菩薩觀想的內容有關，如《賢護分・思惟品》所記載：

> 賢護！若有比丘、比丘尼、優婆塞、優婆夷，清淨持戒，具足諸行，獨處空閑，……如是想念：「如我所聞：彼阿彌陀如來・應供・等正覺今在西方，

---

❸ 《金光明經文句記》卷3：「『般舟』，此云『佛立』。三昧成時，見十方佛在虛空中立，故名『佛立』也。」（CBETA, T39, no. 1786, p. 116a20-22）

❹ Paul M. Harrison, *The Samādhi of Direct Encounter with the Buddhas of the Present*, pp. 3-4。

❺ 《般舟三昧經》卷1，CBETA, T13, no. 418, p. 904a28-b2。

> 經途去此過百千億諸佛國土，彼有世界名曰『安
> 樂』。如是，<u>如來今現在彼為諸菩薩周匝圍遶，處
> 大眾中說法教化。</u>」然而，是人依所聞故，繫念思
> 惟，觀察不已……久觀明利故，<u>終得覩彼阿彌陀如
> 來‧應‧等正覺，僧眾圍遶菩薩會中，或見自身在
> 彼聽法</u>，聞已憶念、受持、修行。❾

當菩薩不斷思惟觀想「阿彌陀佛在西方安樂世界受諸菩薩周匝
圍遶，處大眾中說法教化」，久觀明利故，便能於定中真的見
到「阿彌陀佛為僧眾圍遶，並於菩薩會中說法，而自己也是其
中一位聽法者」。可見，定境與觀想的內容是一致的。當然，
說法的佛與聽法的僧俗四眾皆是「坐」著的，只不過佛的法座
可能比弟子的座位高而已。因此，於「般舟三昧」中所見之佛
不一定是「站」著的，亦可以是「坐」著的。從這個角度而言，
將 saṃmukhāvasthita 譯為「在前立」似乎不夠貼切。

　　從梵語的角度而言，avasthita 除了「站立」，亦有「顯
現」、「安住」之意。這一點，從 T.419 與 T.416 可以獲得證明。
T.419 將 saṃmukhāvasthita 譯為「面住」，也就是「安住於面
前」之意。就禪定而言，這是合理的。當定力成就時，所謂「定
境」通常會安住一段時間，待定力減退或出定，該「定境」
才會消失。另外，T.416 則將 saṃmukhāvasthita 譯為「現前」，
即「顯現於前」之意。這與鳩摩羅什（344－413）在《十住

---

❾ 《大方等大集經賢護分》卷 1，CBETA, T13, no. 416, pp. 875 b25-876a3。

毘婆沙論‧念佛品》的翻譯一致，所謂：「『般舟三昧』名『見諸佛現前』。」❼善導大師在《依觀經等明般舟三昧行道往生讚》亦提到：「由前三業無間，心至所感，即佛境現前。」❽換言之，當「般舟」行者通過身、口、意三業不間斷地念佛，直到心至所感，佛就會在定境中「現前」。從這個角度而言，「般舟三昧」的成就，重點在於定中見佛現前，佛的姿勢並不是問題。因此，筆者認為將 avasthita 譯為「安住」或「顯現」，比「立」更為貼切，可以避免讀者誤以為「般舟三昧」成就時，現在諸佛必須以「立」的姿勢，站在菩薩面前。

　　綜上所述，「般舟」相當於梵語 pratyutpanna 的前兩個音節，而 pratyutpanna 意為「現在的」。「般舟三昧」可說相當於梵語 pratyutpanna samādhi，其完整名字為 pratyutpanna-buddha-saṃmukhāvasthita-samādhi，漢譯應為「現在諸佛現前三昧」（The Samādhi of the present Buddhas manifested in front）。

第四節　《般舟三昧經》之實踐

　　本書之主題為：《般舟三昧經》「除睡眠」之研究，探討的核心圍繞於此經的實踐方法上。因此，接著須釐清《般舟三

---

❼ 《十住毘婆沙論》卷 9，CBETA, T26, no. 1521, p. 68c17-18。
❽ 《依觀經等明般舟三昧行道往生讚》，CBETA, T47, no. 1981, p. 448b21-22。

昧經》的整體修法，進而找出「除睡眠」在整體修法上之定位。如此從全面而逐漸深入的探討，可以避免以偏概全的局面。

　　根據前人研究，《般舟三昧經》似乎參雜了各種不同的修法與特色，如釋厚觀（1988）指出「般舟三昧」具有五大特色，包括：1. 以「恭敬三寶」為基礎；2. 以「戒定慧」及「六度」為行持；3. 以「定中見佛現在前立」為結果；4. 屬於「三月精修」之「常行三昧」；5. 富有濃厚的「般若思想」。❾❾可是，這五項特色之間似乎沒有很大的連貫性。這樣說來，《般舟三昧經》的修法似乎是龐雜的，沒有一貫次第。或許是因為此經次第不明，後人如安藤俊雄認為智者大師在《摩訶止觀》所立的「常行三昧」，就是嘗試將《般舟三昧經》的修法加以系統化與具體化。然而，「常行三昧」已融合天台特色，與《般舟三昧經》本有的修法有不少差異。❿

　　儘管如此，依據筆者的考察，《般舟三昧經》其實有著完整而一貫的修行架構，可以分為兩個部分，即：目標、方法。

一、修持「般舟三昧」的目標

　　首先必須釐清的是：修持「般舟三昧」的目標或結果。依據《般舟三昧經·問事品》、《拔陂菩薩經》以及《賢護分·思惟品》的記載，佛之所以會開示「般舟三昧」法門，源自於

---

❾❾ 釋厚觀，〈般舟三昧〉，頁 140。
❿ 楊芳瑋，《智者大師《摩訶止觀》常行三昧之思想及其影響》，頁 1。針對「般舟三昧」與「常行三昧」的關係，本書第五章有詳細探討。

跋陀和（Bhadrapāla）菩薩的啟問，從中即可清楚修持「般舟三昧」的目標：

異譯本	平行經文
T.418 《般舟三昧經》 行品	菩薩當作何等三昧？所得智慧如大海、如須彌山，所聞者不疑，……十方不可計佛剎悉見，聞諸佛所說經；一一佛、比丘僧悉見。是時，不持仙道、羅漢、辟支佛眼視；不於是間終，生彼間佛剎爾乃見；便於是間坐悉見諸佛，悉聞諸佛所說經，悉皆受。⑩
T.417 《般舟三昧經》 行品	菩薩當行何等法得智慧，如巨海攬萬流？云何行，博達眾智所聞悉解而不疑？……云何行，便於此間見十方無數佛土，其中人民、天、龍、鬼、神及蠕動之類，善惡歸趣皆了知？⑩
T.419 《拔陂菩薩經》	云何得菩薩定意，所聞如海多藏，所聞無有餘疑，……遙見佛及其國界，聞其法，見其比丘僧，亦不五達，亦不六達，菩薩亦不從是世致彼聽視，猶故住是世耳，遙見正覺，亦聞明法，亦悉受行？⑩
T.416 《賢護分》 思惟品	菩薩摩訶薩具足成就何等三昧，而能得彼大功德聚？云何得入多聞大海獲智慧藏，問無疑惑故？……復云何當得住此佛剎，遍見一切十方諸佛，聽聞正法，供養眾僧；非但未得出世六通，而實未得世間五通，而亦未捨此世界身，亦無生彼諸佛國土，唯住此土見餘世界諸佛世尊，悉聞諸佛所宣正法，一切聽受如說修行？⑩

跋陀和所問的重點在於：修持哪一種「三昧」能夠讓未證得世間五通或出世六通（T.419、T.416）⑩的菩薩，親見十方現在

---

⑩ 《般舟三昧經》卷 1，CBETA, T13, no. 418, pp. 903b2-904b2。

⑩ 《般舟三昧經》，CBETA, T13, no. 417, p. 898a6-25。

⑩ 《拔陂菩薩經》，CBETA, T13, no. 419, pp. 920b12-921a25。

⑩ 《大方等大集經賢護分》卷 1，CBETA, T13, no. 416, pp. 873a8-874b15。

⑩ （ ）內代號為作者方便識別對照所增加。

諸佛?換言之,這樣的「見佛」,不是以仙道眼、羅漢眼、辟
支佛眼見(T.418);也不是在娑婆世界命終之後,往生淨土
而見(T.418、T.416);而是身在此娑婆世界,卻能直接見到
十方諸佛,並聽佛說法,進而信受奉行。這一點,與《阿彌陀
經》等淨土經典所注重的發願往生,生於淨土之後才見佛、聞
法、修行,有所不同。

　　佛陀對跋陀和的回答是:「有三昧名『十方諸佛悉在前
立』,能行是法,汝之所問,悉可得也。」⓺簡言之,修持「般
舟三昧」之目的與結果,就是達到「當下見佛聞法」的境界,
無須等到證得天眼或往生淨土後乃見。值得注意的是,這裡
所謂的「見佛」,是見「十方現在諸佛」,並非專指「阿彌
陀佛」。為何要見十方現在佛?其重要性為何?其中一個理
由是釋迦牟尼佛般涅槃之後,弟子們失去了學習的對象。距
離佛陀般涅槃的時間愈遠,佛弟子愈感覺需要「現在」有佛
繼續給予法義的釐清、修行的指導以及佛力加護。然而,在
現實生活中肯定無法再遇見佛陀,直到下一尊佛出生於此世
間為止。但,如果能在禪定中見(他方世界的)現在佛,並
聆聽其開示,進而解除心中對法的疑惑,豈不是能滿足佛弟
子們的需求嗎? Paul Williams 認為這正是大乘佛教與大乘經
在印度興起的其中一個主要動力。⓻

　　《般舟三昧經》雖然主張定中見「十方現在佛」,然而

⓺ 《般舟三昧經》,CBETA, T13, no. 417, p. 898b3-5。
⓻ Paul Williams, *Mahāyāna Buddhism: The Doctrinal Foundation*, p. 211.

經中卻多以「阿彌陀佛」做為解說「般舟三昧」的例子，何以如此？Harrison（1978）認為那是因為《般舟三昧經》集出的時間，阿彌陀佛信仰已經流行，因而取之為例；❿釋印順（1993）則認為《般舟三昧經》集出的地點應在北天竺，當地正好流行念阿彌陀佛、往生西方的法門，因而取之為例。❿

二、《般舟三昧經》的整體修法

以上釐清了修持「般舟三昧」的目標，可是要如何達成此目標呢？因此，以下釐清修持「般舟三昧」的方法。依據筆者的考察，《般舟三昧經》的整體修法可分為三個層次：（一）正修法、（二）助道法、（三）速證法。

（一）正修法

任何修行，都必須按部就班才能有所成就。同理，要證得「般舟三昧」──於定中見十方現在佛現前，亦須依據一定的步驟前進，它是達成「般舟三昧」之正因，所以稱之為「正修法」。此「正修法」記載於《般舟三昧經・行品》，為此經的核心，四部漢譯本的平行文脈如下：

---

❿ Paul M. Harrison, "Buddhānusmṛti in the Pratyutpanna-Buddha-Saṃmukhāvasthita-Samādhi-Sūtra", pp. 43-44.

❿ 依據印順導師《華雨集・中編》第二冊：「經上特舉西方阿彌陀佛名，應該是般舟三昧是在北天竺傳出的，而這裡恰好流行念阿彌陀佛、往生西方的法門，所以就以阿彌陀佛為例。」（頁274）

1. 持戒 → 得定（見佛）

異譯本	平行經文
T.418 《般舟三昧經》 行品	何因致現在諸佛悉在前立三昧？如是，跋陀和！其有比丘、比丘尼、優婆塞、優婆夷，〔1〕持戒完具，〔2〕獨一處止，〔3〕心念西方阿彌陀佛，今現在隨所聞當念：去是間千億萬佛剎，其國名須摩提，在眾菩薩中央說經，一切常念阿彌陀佛。……〔4〕一心念，若一晝夜，若七日七夜，過七日以後，〔5〕見阿彌陀佛。於覺不見，於夢中見之。❿
T.417 《般舟三昧經》 行品	其有比丘、比丘尼、優婆塞、優婆夷，如法行，〔1〕持戒完具，〔2〕獨一處止，〔3〕念西方阿彌陀佛今現在，隨所聞當念，去此千億萬佛剎，其國名須摩提。〔4〕一心念之，一日一夜若七日七夜，過七日已後〔5〕見之。⓫
T.419 《拔陂菩薩經》	若有比丘、比丘尼、優婆塞、優婆夷，〔1〕於戒常具足，〔2〕常獨處，不與眾，〔3〕便起意念言：「阿彌陀佛為在何方常在說法？」……〔4〕淨心念，一日一夜至七日七夜，如是七日七夜畢念，〔5〕便可見阿彌陀佛，或在夢中如來阿彌陀佛，如來當面自見。⓬
T.416 《賢護分》 思惟品	若有比丘、比丘尼、優婆塞、優婆夷，〔1〕清淨持戒，具足諸行，〔2〕獨處空閑，〔3〕如是思惟：「於一切處隨何方所即若西方阿彌陀如來、應供、等正覺？」……〔4〕一心相續，次第不亂，或經一日、或復一夜、如是或至七日七夜，如先所聞具足念故，〔5〕是人必覩阿彌陀如來‧應供‧等正覺也。若於晝時不能見者，若於夜分或睡夢中阿彌陀佛必當現也。⓭

---

❿ 《般舟三昧經》卷 1，CBETA, T13, no. 418, p. 905a5-17。
⓫ 《般舟三昧經》，CBETA, T13, no. 417, p. 899a10-14。
⓬ 《拔陂菩薩經》，CBETA, T13, no. 419, p. 922a2-17。
⓭ 《大方等大集經賢護分》卷 1，CBETA, T13, no. 416, p. 875b25-c19。

由上述四部漢譯本的比對可以看出：《般舟三昧經》的念佛
與見佛有一定次第，即：(1) 持戒完具，《賢護分》作「清
淨持戒」；(2) 獨一處止，《拔陂菩薩經》譯作「常獨處，
不與眾」，而《賢護分》作「獨處空閒」。換言之，必須遠
離人群，獨自一人往寂靜處禪修；(3)「心念」西方阿彌陀佛，
《拔陂菩薩經》作「起意念」，而《賢護分》譯為「思惟」。
此念佛，是以「心」或「第六意識」在念，並非以「口」念；⓮
(4)「一心念」，《拔陂菩薩經》作「淨心念」，而《賢護分》
作「一心相續，次第不亂」。換言之，此時能持續地一心專
注於念佛，沒有其他妄想分別生起，但仍未證入「三昧」；(5)
見佛：若能維持一心念佛，一日乃至七日之中，便能於定中
或夢中見佛。此時，可說已證得「般舟三昧」。總括這個見
佛的過程如下：

持戒完具 ➡ 獨一處止 ➡ 心念佛 ➡ 一心念 ➡ 見佛

2. 見佛（禪定）→ 請法（聞慧）

　　見佛之時，「般舟三昧」成就，屬於「定學」。見佛之後，
必須進修「慧學」，因此應當向佛請法。如經中所言：

⓮ 原因在於，依前五識無法證入禪定，唯有第六意識能入定。見《止觀輔
　行傳弘決》卷9：「心者第六識。餘識不能次第入定。」（CBETA, T46,
　no. 1912, p. 415a6-7）

異譯本	平行經文
T.418 《般舟三昧經》 行品	菩薩於是間國土聞阿彌陀佛,數數念,用是念故見阿彌陀佛。見佛已,從問:「當持何等法生阿彌陀佛國?」爾時,阿彌陀佛語是菩薩言:「欲來生我國者,常念我,數數常當守念,莫有休息,如是得來生我國。」⑮
T.417 《般舟三昧經》 行品	菩薩於此間國土念阿彌陀佛,專念故得見之,即問:「持何法得生此國?」阿彌陀佛報言:「欲來生者當念我名,莫有休息,則得來生。」⑯
T.419 《拔陂菩薩經》	如是菩薩,……住在是世間,彼有阿彌陀佛,已聞,數數念,便見如來阿彌陀佛,現在佛面見住上定意,見便難問如來:「從何法會菩薩得生是世?」阿彌陀佛便為諸菩薩說言:「常念佛意,善習不捨,常行幻作,便得生是佛國。」⑰
T.416 《賢護分》 思惟品	菩薩亦爾,一心善思,見諸如來,見已即住,住已問義,解釋歡喜。⑱

依據 T.418 與 T.419,菩薩開始時「數數念」佛,而 T.417 與 T.416 分別提到「專念故得見之」、「一心善思,見諸如來」。這,也就是「念佛→一心念→見佛」的過程。見佛之後,重要的是向佛請法,向佛提出疑問,而佛將給予適當的回答。事實上,定中見佛並與佛問答,在瑜伽行者的定境中,屬於修行體驗的現象,在佛教中確有其事。舉例而言,「祕密大乘」的悉地成就,本尊現前,如有疑問,也可以請本尊解答。⑲經中舉

---

⑮ 《般舟三昧經》卷 1,CBETA, T13, no. 418, p. 905b8-13。
⑯ 《般舟三昧經》,CBETA, T13, no. 417, p. 899a27-b1。
⑰ 《拔陂菩薩經》,CBETA, T13, no. 419, p. 922b9-14。
⑱ 《大方等大集經賢護分》卷 2,CBETA, T13, no. 416, p. 877a28-b1。

定中見阿彌陀佛為例，菩薩問佛：「如何能往生彌陀淨土？」
而阿彌陀佛的回答是：「常常念我（阿彌陀佛）的名號，不間
斷地念，便得生我國。」（T.416）《賢護分》並沒有舉此例，
只是提到菩薩見佛之後，安住於「般舟三昧」，進而向佛請問
法義，佛給予解答，令其歡喜。

3. 思慧

於三昧中見佛屬於「定」，與佛問答法義屬於「聞慧」，
最重要的是請佛開示勝義諦，並將之做為修習「思慧」的內容，
依據《賢護分・思惟品》的記載：

> 諸善男子！若汝今欲正念佛者，當如是念：「今者
> 阿彌陀如來……〔於〕沙門眾中說如斯法，其所說
> 者，謂『一切法本來不壞亦無壞者，如不壞色〔、
> 受、想、行〕，乃至不壞識等諸陰故；又如不壞地
> 〔、水、火〕，乃至不壞風等諸大故；又不壞色
> 〔、聲、香、味〕，乃至不壞觸等諸入故；又不壞
> 梵，乃至不壞一切世主等。如是，乃至不念彼如
> 來，亦不得彼如來。』」彼作如是念如來已，如是

---

⑲ 參釋印順，《印度佛教思想史》，頁 241-242。另外，在當代緬甸上座部
禪法中，帕奧系統（Pa Auk tradition）注重四禪八定的修習。依據其禪修
方法，修持「佛隨念」（buddhānussati）者亦有可能在定力提昇之時，佛
陀的相貌浮現於心中，條件是此人必須在過去世曾遇見真實的佛陀。（參
帕奧禪師，《智慧之光》，頁 60）

次第得空三昧。善男子！是名「正念諸佛現前三昧」也。⑫

在這個階段的「般舟」行者，應當思惟勝義諦，所謂：「一切法本來不生不滅（不壞亦無壞）。」漸次思惟五蘊不生不滅，乃至四大、六入、梵界諸天亦不生不滅。最後藉由思惟「如來」亦不生不滅、了不可得，便能得證「空三昧」，這才是真正的「念諸佛現前三昧」。

4. 修慧

要如何實踐「修慧」，觀照「定中所見的佛」之空性呢？經中首先說明「定中見佛」本身是緣起（性空）的。既然是緣起的，「定中見佛」就必須依靠某些因緣才能成就，如《般舟三昧經・行品》所言：「持佛威神力、持佛三昧力、持本功德力，用是三事故得見佛。」⑫這「見佛三因緣」，在其他譯本中的用詞稍有差異：

（1）見佛三因緣

異譯本	見佛的三個因素		
	一	二	三
三卷本《般舟三昧經》⑫	佛威神力	佛三昧力	本功德力

---

⑫ 《大方等大集經賢護分》卷1，CBETA, T13, no. 416, p. 876b7-20。
⑫ 《般舟三昧經》卷1，CBETA, T13, no. 418, p. 905c16-18。
⑫ 同上。

一卷本《般舟三昧經》❷	佛力	三昧力	本功德力
《拔陂菩薩經》❷	佛威神	己定力	宿功德
《賢護分》❷	彼佛加持	緣此三昧	自善根熟

　　三卷本之「佛三昧力」，《拔陂菩薩經》作「己定力」，而
《賢護分》作「緣此三昧」，也就是菩薩自己所證得的「般舟
三昧」力。另外，三卷本所謂「本功德力」，《拔陂菩薩經》
作「宿功德」，《賢護分》作「自善根熟」，也就是自己宿世
所累積的善根福德。唯有具足如是三因緣，才能於定中得見現
在諸佛，缺一不可。這一點，與後世彌陀淨土行者提倡唯靠佛
力救度有所差異。

　　為了說明定中所見之佛為緣起性空，《般舟三昧經》經舉
了四個譬喻：❷

　　①**饑渴夢食喻**：以饑渴的人太想獲得食物比喻菩薩想見
佛，夢中得香甘美食比喻定中見佛，以夢醒腹空比喻出定佛
空。

　　②**想家夢鄉喻**：以遊子想念家鄉比喻菩薩憶佛念佛，以遊
子夢見家鄉並與親屬言語比喻定中見極樂淨土之佛，並與之問
答法義，然而夢醒時分一切歸於空寂。

---

❷　《般舟三昧經》，CBETA, T13, no. 417, p. 899b18-19。
❷　《拔陂菩薩經》，CBETA, T13, no. 419, p. 922c18-20。
❷　《大方等大集經賢護分》卷 2，CBETA, T13, no. 416, p. 877a9-15。
❷　《般舟三昧經》卷 1，CBETA, T13, no. 418, p. 905b23-c25。

③ **觀骨無來去喻**：以觀骨頭之不淨比喻觀佛，以觀骨頭的各種顏色比喻觀佛三十二相；以所觀的骨頭並非有人持之而來、亦非真有其骨、彼骨無所從來、唯意識所作，比喻所觀之佛亦復如是。

④ **自照影像喻**：以人照鏡（盛裝的麻油、淨水、新磨鏡或無瑕水精所做的鏡子），人、鏡和合才能於鏡中自見其影像，比喻佛威神力、般舟三昧力、本功德力三者和合才能於定中自見佛影像。此影像不是由誰持來，只是因緣假合。

（2）空觀

以上所說的「緣起性空」之理，要如何實際應用在「般舟三昧」的修持中呢？首先，行者必須先證得「般舟三昧」，能於定中見佛聞法。有了這樣的基礎，才能進一步修習空觀，如諸譯本所言：

異譯本	平行經文
T.418 《般舟三昧經》 行品	欲見佛即見，見即問，問即報，聞經大歡喜，〔1〕作是念：「佛從何所來？我為到何所？」〔2〕自念：「佛無所從來，我亦無所至。」〔3〕自念：「三處——欲處、色處、無想處——是三處意所為耳，我所念即見。心作佛、心自見，心是佛，心是怛薩阿竭，心是我身。心見佛，心不自知心，心不自見心。心有想為癡、心無想是泥洹。是法無可樂者，皆念所為，設使念為空耳，設有念者亦了無所有。」如是，颰陀和！菩薩在三昧中立者，所見如是。❿

---

❿ 《般舟三昧經》卷 1，CBETA, T13, no. 418, pp. 905c26-906a7。

T.417 《般舟三昧經》 行品	欲見佛即見，見即問，問即報，聞經大歡喜，〔1〕作是念：「佛從何所來？我為到何所？」〔2〕自念：「佛無所從來，我亦無所至。」〔3〕自念：「欲處、色處、無色處，是三處意所作耳！我所念即見。心作佛，心自見，心是佛心，佛心是我身。心見佛，心不自知心，心不見心。心有想為癡，心無想是涅槃。是法無可樂者，設使念為空耳，無所有也。」菩薩在三昧中立者，所見如是。❽
T.419 《拔陂菩薩經》	諸菩薩欲見佛，易無難，見即能問，得問能對，所聞內喜，其復內爾：「〔1〕是諸佛從何來？我到何所？〔2〕是皆無從來，知如來無從去，云其自身。」〔3〕其復生意爾：「但意行是三界耳。我欲觀天，意即見天，以意作佛，亦以意見，但是我意。為佛如來但意耳，及我身意也。以意見佛，意不能見意，意不能知意。意想為無智，不想意為泥洹。是法無堅，皆從自可起，自可悉空，求自可亦無有。」拔陂！菩薩亦如是住在其定。❾
T.416 《賢護分》 思惟品	菩薩亦爾，一心善思見諸如來，見已即住，住已問義，解釋歡喜。即復思惟：「〔1〕今此佛者從何所來？而我是身復從何出？〔2〕觀彼如來竟無來處及以去處，我身亦爾，本無出趣，豈有轉還？」〔3〕彼復應作如是思惟：「今此三界唯是心有。何以故？隨彼心念還自見心。今我從心見佛，我心作佛，我心是佛，我心是如來，我心是我身。我心見佛，心不知心、心不見心。心有想念則成生死，心無想念即是涅槃。諸法不真，思想緣起，所思既滅，能想亦空。」賢護當知，諸菩薩等因此三昧證大菩提。❿

從 T.418 和 T.417 的「欲見佛即見」，以及 T.419 的「諸菩薩欲見佛，易無難」，可見此階段的「般舟」行者已達到純熟的

---

❽ 《般舟三昧經》，CBETA, T13, no. 417, p. 899b24-c3。

❾ 《拔陂菩薩經》，CBETA, T13, no. 419, pp. 922c27-923a7。

❿ 《大方等大集經賢護分》卷 2，CBETA, T13, no. 416, p. 877a28-b10。

「般舟三昧」，能夠隨時入三昧、出三昧，隨時想見佛問法就能夠見佛問法。唯有達到這樣的程度，才可以進一步修空觀，空觀分為三個層次：

①思惟「定中所見的佛是從何來而讓我看見呢？還是我自己到什麼地方去見到佛呢？」。

②思惟「佛並沒有從什麼地方來，我也沒有到任何地方去」。既然沒有一個「地方」讓我來，亦沒有一個「地方」讓我去，那「見佛」這件事究竟發生在哪裡呢？為求解答，須進一步作以下思維。

③思惟「三界皆由心所造」。何以說「唯心所造」呢？因為「見佛、聞法」這件事發生於心中，而非外在的空間，因此《賢護分》說「隨彼心念，還自見心，我從心見佛」。❸於三昧中所見到的佛，實由我心所作，並非有外在的空間讓佛來或去，所以說「我心作佛，我心是佛，我心是如來」。同時，並非有外在的空間讓我去見佛，所以說「我心是我身」。雖然「我心見佛」，可是「心不知心，心不見心」。無論如何，不管是能觀的心，仰或所見的佛，皆為緣起性空，如《賢護分》所言「諸法不真，思想緣起，所思既滅，能想亦空」。一切法皆無實體，皆依思想為緣而生起，當所思（的佛）滅了，能想（的心）也就歸於空性。

---

❸由於一卷本、三卷本及《拔陂菩薩經》譯詞生澀，此處但依《賢護分》解釋。

（3）修行成果

如上所修觀空的結果是什麼呢？依諸譯本所言：

異譯本	平行經文
三卷本	其人用念空故，〔1〕便逮得無所從生法樂，〔2〕即逮得阿惟越致。⑬
《拔陂菩薩經》	其如是觀，〔1〕便忍、〔2〕受別於佛法。⑬
《賢護分》	是人因此即自思惟：「如是諸法皆空、無實、猶夢所見、本自非真。」如是觀時，〔1〕悟無生忍、〔2〕得不退轉於阿耨多羅三藐三菩提。⑬

觀空的結果有二：1. 證得「無所從生法樂」，《拔陂菩薩經》只說「忍」，而《賢護分》譯作悟入「無生忍」，亦即「無生法忍」（anutpattika-dharma-kṣāntiḥ）；2. 成就「阿惟越致」（avivartya），《拔陂菩薩經》說「受別（受記）於佛法」，而《賢護分》作「得不退轉於阿耨多羅三藐三菩提」。不同譯本之譯語雖有差異，但要表達的意思是一致的。至此，亦可看出《般舟三昧經》與《阿彌陀經》最大的差異處，在於前者注重「此生」於定中見佛、聞法、觀空，進而證得無生法忍；而後者則願求「來世」生於淨土，然後才見佛、聞法、悟無生。

以上所述為《般舟三昧經》中正修「般舟三昧」的次第，筆者且稱之為「正修法」。

---

⑬ 《般舟三昧經》卷 1，CBETA, T13, no. 418, p. 905b27-28。
⑬ 《拔陂菩薩經》，CBETA, T13, no. 419, p. 922b29-c1。
⑬ 《大方等大集經賢護分》卷 2，CBETA, T13, no. 416, p. 876c14-17。

（二）助道法

1. 共修五十法

　　除了上述必要的「正修法」之外，「般舟」行者在日常生活中必須「兼修」一些日常功課或實踐特定的行為規範，是所有「般舟」行者須共同遵守的項目，它們在此經各品有重複出現的現象，依據《般舟三昧經‧行品》為：

> 從念佛因緣，向佛念，意不亂，從得點不捨精進，與善知識共行空，除睡眠，不聚會，飯知足，不貪衣，不惜壽命；子身避親屬，離鄉里；習等意，得悲意心，護行棄蓋習禪。……常念諸佛功德，自歸為依佛，定意得自在，不隨佛身相法，一切一計不與天下諍，所作不諍。……<u>持是行法故致三昧，便得三昧現在諸佛悉在前立</u>。**⑬⑤**

由「持是行法故致三昧，便得三昧現在諸佛悉在前立」可以看出，這些行法有助於「般舟三昧」的修持與證得，在此且稱之為「助道法」。經中列出的項目很多，而在四個譯本中，其內

---

⑬⑤ 相關經文極長，只引用重點部分，詳見三卷本《般舟三昧經》卷1，CBETA, T13, no. 418, pp. 904b26-905a5。相同的文脈，在其他譯本的位置為：一卷本《般舟三昧經》，CBETA, T13, no. 417, pp. 898b10-899a10；《拔陂菩薩經》，CBETA, T13, no. 419, pp. 921b14-922a1；《大方等大集經賢護分》卷1，CBETA, T13, no. 416, p. 875a4-b20。四個譯本的內容稍有差異，其中以《賢護分》的譯語較為順暢易懂。

容彼此有些差異。無論如何，《十住毘婆沙論・助念佛三昧品》將這些項目歸納整理為五十項，且稱之為「共修五十法」：

能生是般舟三昧，餘助法亦應修習。何等是？
一、緣佛恩常念在前；二、不令心散亂；三、繫心在前；四、守護根門；五、飲食知止足；六、初夜、後夜常修三昧；七、離諸煩惱障；八、生諸禪定；九、禪中不受味；十、散壞色相；十一、得不淨相；十二、不貪五陰；十三、不著十八界；十四、不染十二入；十五、不恃族姓；十六、破憍慢；十七、於一切法心常空寂；十八、於諸眾生，生親族想；十九、不取戒；二十、不分別定；二十一、應勤多學；二十二、以是多學而不憍慢；二十三、於諸法無疑；二十四、不違諸佛；二十五、不逆法；二十六、不壞僧；二十七、常詣諸賢聖；二十八、遠離凡夫；二十九、樂出世間論；三十、修六和敬法；三十一、常修習五解脫處；三十二、除九瞋惱事；三十三、斷八懈怠法；三十四、修八精進；三十五、常觀九相；三十六、得大人八覺；三十七、具足諸禪定三昧；三十八、於此禪定無所貪、無所得；三十九、聽法專心；四十、壞五陰相；四十一、不住事相；四十二、深怖畏生死；四十三、於五陰，生怨賊想；四十四、於諸入中，生空聚想；四十五、於四大中，生毒蛇

想；四十六、於涅槃中，生寂滅想、安隱樂想；
四十七、於五欲中生涎唾想，心樂出離；四十八、
不違佛教；四十九、於一切眾生，無所諍訟；
五十、教化眾生，令安住一切功德。**㊱**

另外在《般舟三昧經·四輩品》亦記載著比丘、比丘尼、
優婆塞、優婆夷，個別所要遵守的生活規範，《賢護分·戒行
具足品》與《十住毘婆沙論·助念佛三昧品》並沒有分「四
輩」，而是將比丘、比丘尼的部分統合為「出家法」，並將優
婆塞、優婆夷的部分統合為「在家法」。

2. 出家六十法

依據《般舟三昧經·四輩品》的記載，出家比丘在生活中
必須實踐的項目如下：

若有菩薩棄愛欲作比丘，意欲學是三昧者、誦是三
昧者、持是三昧者，當清淨持戒，不得缺戒大如毛
髮，……完具持戒，不諛諂，持戒當為智者所稱
譽、為羅漢所稱譽，於經中當布施，當精進，所念
強，當多信勸樂，常承事於和上，當承事於善師，
所從聞是三昧者，所可聞是三昧處，當視其人如
佛，……不得諂意，常當樂獨處止，不惜身命，不

得悕望人有所索，常行乞食，不受請，不嫉妒，自守節度，如法住，所有趣足而已，<u>經行不得懈，不得臥出</u>。如是，颰陀和！如是經中教，其棄愛欲作比丘學是三昧者，當如是守如是。⓭

比丘尼必須實踐的項目如下：

比丘尼求摩訶衍三拔致，是三昧學守者，當謙敬，不當嫉妒，不得瞋恚，去自貢高，去自貴大，却於懈怠，當精進，<u>棄於睡眠，不得臥出</u>，悉却財利，悉當淨潔護〔戒〕，不得惜軀命，常當樂於經，當求多學，當棄婬恚癡，出魔羅網去，當棄所好服飾、珠環，不得惡口，不得貪愛好鉢、震越，當為人所稱譽，不得有諛諂。學是三昧時當敬善師視如佛，當承是經中教，守是三昧。⓮

以上比丘、比丘尼在生活中應當守持的行法，《十住毘婆沙論・助念佛三昧品》將它們統合為「出家六十法」：

出家菩薩修習是三昧法者，所謂：一、於戒無毀疵；二、持戒不雜污；三、持戒不濁；四、清淨

⓭ 《般舟三昧經》卷2，CBETA, T13, no. 418, p. 909b15-c16。
⓮ 同上，CBETA, T13, no. 418, p. 910a17-26。

戒；五、無損戒；六、不取戒；七、不依戒；八、
不得戒；九、不退戒；十、持聖所讚戒；十一、持
智所稱戒；十二、隨波羅提木叉戒；十三、具足威
儀行處；十四、乃至微小罪，心大怖畏；十五、
淨身口意業；十六、淨命；十七、所有戒盡受
持；十八、信樂甚深法；十九、於無所得法心能
忍，空無相無願法中心不驚；二十、勤發精進；
二十一、念常在前；二十二、信心堅固；二十三、
具足慚愧；二十四、不貪利養；二十五、無嫉妒；
二十六、住頭陀功德；二十七、住細行法中；
二十八、不樂說世間俗語；二十九、遠離聚語；
三十、知報恩；三十一、知作恩報恩者；三十二、
於和上阿闍梨所生恭敬忌難心；三十三、破除憍
慢；三十四、降伏我心；三十五、善知識難遇故勤
心供給；三十六、所從聞是法處—若得經卷、若口
誦處—於此人所生父母想、善知識想、大師想、大
慚愧愛敬想；三十七、常樂阿練若；三十八、不樂
住城邑聚落；三十九、不貪著檀越、善知識家；
四十、不惜身命；四十一、心常念死；四十二、
不存利養；四十三、於諸物中，心不染著；
四十四、無所渴愛；四十五、守護正法；四十六、
不著衣鉢；四十七、不畜遺餘；四十八、但欲乞
食；四十九、次第乞食；五十、常知慚愧心常有
悔；五十一、不畜金銀珍寶錢財，離諸不善悔；

五十二、心無纏垢；五十三、常行慈心；五十四、
除斷瞋恚；五十五、常行悲心；五十六、除斷愛
著；五十七、常求利安一切世間；五十八、常憐愍
一切眾生；五十九、常樂經行；<u>六十、除却睡眠</u>。
出家菩薩住如是等法中，應修習是三昧。❸

3. 在家二十法

除此之外，修學「般舟三昧」的在家居士（優婆塞、優婆
夷）在生活中亦有其應當實踐的項目。依據《般舟三昧經・四
輩品》的記載，優婆塞應實踐以下生活規範：

白衣菩薩聞是三昧已，欲學守者，當持五戒，堅淨
潔住；酒不得飲，亦不得飲他人；不得與女人交
通，不得自為，亦不得教他人為；不得有恩愛於妻
子，不得念男女；不得念財產；常念：「欲棄妻
子，行作沙門。」；常持八關齋：齋時，常當於佛
寺齋；常當念布施，不念我當自得其福，當用萬民
故施；常當大慈於善師；見持戒比丘不得輕易說其
惡。作是行已，當學、當守是三昧。❹

---

❸ 《十住毘婆沙論》卷 12，CBETA, T26, no. 1521, p. 87a13-b17。
❹ 《般舟三昧經》卷 2，CBETA, T13, no. 418, p. 910b12-21。

優婆夷必須實踐的項目如下：

> 若優婆夷求摩訶衍三拔致，聞是三昧已，欲學守
> 者，當持五戒，自歸於三，何等為三？自歸於佛，
> 歸命於法，歸命於比丘僧。不得事餘道，不得拜於
> 天，不得示吉良日，不得調戲，不得慢恣，不得有
> 貪心。優婆夷常當念布施，歡樂欲聞經，力多學
> 問。優婆夷常當敬重於善師，心常不倦不懈。若比
> 丘、比丘尼過者，常以坐席、賓主飲食待之。⑭

以上優婆塞、優婆夷在生活中應當守持的行法，《十住毘
婆沙論·助念佛三昧品》將它們統合為「在家二十法」：

> 若在家菩薩欲修習是三昧，一、當深以信心；二、
> 不求業果報；三、當捨一切內外物；四、歸命三
> 寶；五、淨持五戒，無有毀；六、具足行十善道，
> 亦令餘人住此法中；七、斷除婬欲；八、毀呰五
> 欲；九、不嫉妒；十、於妻子中，不生愛著；
> 十一、心常願出家；十二、常受齊戒；十三、心樂
> 住寺廟；十四、具足慚愧；十五、於淨戒比丘，起
> 恭敬心；十六、不慳法；十七、於說法者，深愛敬
> 心；十八、於說法者，生父母、大師想；十九、於

---

⑭ 《般舟三昧經》卷 2，CBETA, T13, no. 418, p. 910c8-16。

說法者，以諸樂具敬心供養；二十、知恩報恩。如是在家菩薩住如是等功德者，則能學是三昧。⓴

　　簡言之，「助道法」屬於「般舟」行者必須守持的生活規範，有助於「般舟三昧」的成就，可分為三類：「共修五十法」、「出家六十法」以及「在家二十法」。

（三）速證法

　　除了上述「助道法」以外，《般舟三昧經》還提到某些行法能「加速」「般舟三昧」的成就，在此且稱之為「速證法」。三卷本《般舟三昧經》有五處提到「速證法」，包括：〈四事品第三〉的四組四事、〈擁護品第八〉的一組四事、〈請佛品第十〉之兩組五事、〈無著品第五〉與〈四輩品第六〉各有一事，能疾得「般舟三昧」，詳細內容如下。

　　《般舟三昧經・四事品》的四組「四事」能疾得「般舟三昧」：

> 菩薩有四事法疾逮得三昧，何等為四？一者、所信無有能壞者；二者、精進無有能逮者；三者、所入智慧無有能及者；四者、常與善師從事。是為四。
> 菩薩復有四事疾得是三昧，何等為四？一者、不得有世間思想，如指相彈頃三月；二者、不得臥出三

⓴《十住毘婆沙論》卷12，CBETA, T26, no. 1521, p. 87a2-13。

月，如指相彈頃；三者、經行不得休息、不得坐三
月，除其飯食左右；四者、為人說經不得望人衣
服、飲食。是為四。

菩薩復有四事疾得是三昧，何等為四？一者、合會
人至佛所，二者、合會人使聽經，三者、不嫉妒，
四者、教人學佛道。是為四。

菩薩復有四事疾得是三昧，何等為四？一者、作佛
形像、若作畫，用是三昧故；二者、用是三昧故，
持好疋素令人寫是三昧；三者、教自貢高人內佛道
中；四者、常護佛法。是為四。❹

另外，《般舟三昧經‧無著品》亦提到菩薩若能不執著三昧中
的任何境界，定中所見的佛，不執著五蘊、生死等，則能迅速
得到「般舟三昧」：

是菩薩守是三昧，當作是見佛，不當著佛。何以
故？設有所著為自燒，譬如大段鐵著火中燒正赤，
有智者不當以手持。何以故？燒人手。如是，颰陀
和！菩薩見佛，不當著，色、痛痒、思想、生死、
識不當著。何以故？著者為燒身。見佛但當念其功
德，當索摩訶衍。……是菩薩於三昧中不當有所

---

❹ 《般舟三昧經》卷1，CBETA, T13, no. 418, p. 906a13-28。

著，不著者<u>疾得</u>是三昧。❹

又，《般舟三昧經・四輩品》提到「視師如佛」者能疾得「般舟三昧」：

> 常承事於和上，當承事於善師。所從聞是三昧者、所可聞是三昧處，當視其人如佛。……是菩薩視師如視佛者，得三昧<u>疾</u>。❺

又，《般舟三昧經・擁護品》提出另一組四事，能持守者疾得「般舟三昧」：

> 菩薩有四事疾得是三昧。何等為四？一者、不信餘道；二者、斷愛欲；三者、如法行；四者、無所貪生。是為四，菩薩<u>疾得</u>是三昧。❻

在《般舟三昧經・請佛品》還提到兩組五事，能持守者疾得「般舟三昧」：

> 菩薩有五事<u>疾得</u>見現在佛悉在前立三昧，學持諦行心不轉。何等為五？一者、樂於深經無有盡時，不

<hr/>

❹ 《般舟三昧經》卷2，CBETA, T13, no. 418, p. 908c17-25。
❺ 同上，CBETA, T13, no. 418, p. 909c1-4。
❻ 同上，CBETA, T13, no. 418, p. 912b28-c2。

可得極，悉脫於眾災變去、以脫諸垢中、以去冥入
明，諸矇矓悉消盡……。不復樂所向生，是為二；
不復樂喜於餘道，是為三；不復樂於愛欲中，是為
四；自守行無有極，是為五。

菩薩復有五事疾得是三昧，何等為五？一者、布施
心不得悔，無所貪，無所惜，從是不得有所悕望，
施人已後不復恨。……〔二〕菩薩持經布施，為他
人說經，所語者安諦無有疑、無所愛惜，說佛深語
身自行立是中。……〔三〕菩薩不嫉妬，所作無有
疑，却睡臥，却五所欲，不自說身善，亦不說他
人惡。若有罵者，若有刑者，亦不得恚，亦不得
恨，亦不得懈。何以故？入空行故。……〔四〕菩
薩是三昧自學復教他人，書是經著好疋素上使久
在。……〔五〕菩薩所信多樂，敬長老及知識。於
新學人若得所施，當念報恩，常有識信。受人小施
念報大，何況於多者？菩薩常樂重於經，棄捐無反
復之意，常念有反復。如是者，得三昧疾。❼

上述所謂的「疾得是三昧」的「速證法」，於一卷本、三卷本
《般舟三昧經》以及《拔陂菩薩經》皆有記載，唯獨《賢護分》
例外。舉例而言，《般舟三昧經·四事品》提到的「菩薩有四
事法，疾逮得三昧」，在《賢護分·三昧行品》只說「若諸菩

---

❼ 《般舟三昧經》卷 3，CBETA, T13, no. 418, p. 915a19-b14。

薩摩訶薩具行四法，則能得是現前三昧。」⑭無論如何，《賢
護分・覺寤品》亦記有唯一一段有關「速證法」的文脈如下：

> 若人一心求是三昧，常隨逐師，不得遠離，當設供
> 養……師若有須，乃至應當自割其身、肌膚、肢體
> 供奉於師；師若須命尚無愛惜，況餘外物而不奉
> 師？……又，承事師如奴隨主、如臣事君，事師亦
> 爾。斯人如是，<u>疾得</u>三昧。⑭

以上「承事善師，疾得三昧」與《般舟三昧經・四輩品》提到
的「視師如佛，疾得三昧」相合。

三、《般舟三昧經》之禪修地圖

綜上所述，《般舟三昧經》看似參雜了各種行法，其實有
清楚的目標與架構，可以分為三部分：1. 正修法、2. 助道法、
3. 速證法。將「般舟三昧」的修行目標與架構勾勒成一幅「禪
修地圖」的話，其結果如下：

---

⑭ 《大方等大集經賢護分》卷 2，CBETA, T13, no. 416, p. 877b13-14。
⑭ 《大方等大集經賢護分》卷 5，CBETA, T13, no. 416, p. 896c7-16。

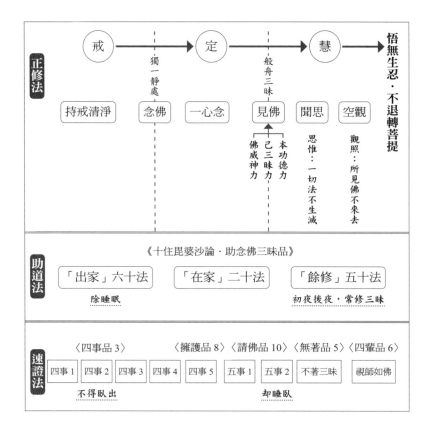

四、「除睡眠」於整體修法中的定位

　　由上述《般舟三昧經》禪修地圖可以看出，「除睡眠」屬於「助道法」。「出家六十法」之第六十項為「除卻睡眠」，乃是比丘、比丘尼應實踐的內容。《般舟三昧經·四輩品》明確記載著比丘菩薩應當「經行不得懈，不得臥出」，而比丘尼菩薩應當「棄於睡眠，不得臥出」。有趣的是，在家優婆塞、優婆夷並無此規定。無論如何，在「共修五十法」之第六項為

「初夜後夜，常修三昧」，這是出家、在家眾應當共同遵守的項目。

另外，「除睡眠」亦屬於「速證法」之一，出現在《般舟三昧經‧四事品》的第二組四事，所謂「三月不得臥出」；以及第二組五事亦提到菩薩應當「卻睡臥」。有趣的是，在眾多組合的「速證法」之中，後人似乎只強調「三月不得臥出」這一組四事，甚至成為「般舟三昧」的必行項目。何以如此？在本書第五章自有分曉。

值得注意的是，「正修法」並沒有提到「除睡眠」。「正修法」主要依循「戒、定、慧」三增上學之次第進修，首要條件是持戒清淨。站在「戒」的基礎上，若要進修「定」，必須選擇一個寂靜處做為禪修的地方，並選擇一個禪修所緣，而「般舟三昧」是以「現在佛」為禪修所緣。選擇了一尊佛，便開始「念佛」，而且必須念至「一心」。若能保持「一心念佛」的境界，若一日、若二日……乃至七日，很可能得證「般舟三昧」，於定中見佛聞法。然而，必須清楚的是：「般舟三昧」之成就有賴於三個因素：1. 佛威神力、2. 般舟三昧力、3. 本功德力，缺一不可。從「見佛三因緣」可以看出，「除睡眠」不是見佛的主要因素，因此在「正修法」中沒有提及它。這也是為何飛錫強調九十日常行（不眠）只是助「般舟」之緣，並非「般舟」真正的意思。

綜上所述，「除睡眠」只是眾多「助道法」或「速證法」之一，而且在家菩薩不一定要受持「除睡眠」這一項，若不急著證得（疾得）「般舟三昧」亦不一定要守持「三月不得臥

出」。在《十住毘婆沙論・助念佛三昧品》中並沒有提到「速證法」，而是把「除睡眠」一概視為「助道法」。

第三章 《般舟三昧經》「除睡眠」之詞義考

《般舟三昧經》之「除睡眠」為此章的探討核心。依據早期佛教的文獻記載，佛弟子應當「初夜、後夜」精勤修行，如《雜阿含・二七一經》記載著一位懈怠比丘——低舍（Tissa），平日不樂思惟佛法，而且耽著睡眠，佛於是告誡諸比丘：

> 是低舍比丘是愚癡人，不守根門，飲食不知量，初夜後夜，心不覺悟，懈怠嬾惰，不勤精進，不善觀察思惟善法……於正法中離諸疑惑，無有是處。若當比丘守護根門，飲食知量，<u>初夜後夜</u>，覺悟精進，觀察善法，樂分別法，樂修梵行，<u>離於睡眠</u>，心不疑法，斯有是處。❶

由上可見，若比丘於「初夜、後夜」不精勤思惟善法，是不可能於正法中離諸疑惑的。相反地，若能「初夜後夜，離於睡眠」，精勤修梵行，才有可能證悟佛法。經中只提到「初夜後夜，離於睡眠」，而中夜呢？佛允許弟子們睡覺休息。只不過「中夜」休息的時候有一個原則，就是繼續保持正念與善念，如《增壹阿含經・放牛品》所言：

---

❶ 《雜阿含經》卷 10，CBETA, T02, no. 99, p. 71a12-19。

　　若「晝日」經行，除去惡念諸結之想；復於「初夜」、「後夜」經行，除去惡結不善之想；復於「中夜」右脇著地，以腳相累，唯向明之想；復於「後夜」，出入經行，除去不善之念。如是，比丘知時景寤。如是，阿難！此是沙門要行。❷

修行應當在晝夜六時、每分每秒中進行著，但修行的重點在於「除去惡念諸結之想」。上述經文清楚地指出，沙門之要行是「晝日」、「初夜」、「後夜」精進地去除惡念與一切煩惱心，而「中夜」應當「右脇著地，以腳相累」地入眠。只不過入眠之時，內心仍然要作「光明想」。這表示「中夜」之時，「身體」雖然休息，但「內心」則恆持正念，修行並沒有因此間斷。以上是《阿含經》的修行原則。

　　然而，到了初期大乘的《般舟三昧經》，「初夜後夜，離於睡眠」的原則似乎有了一些改變。後人多認為修持此經的「般舟三昧」，必須連「中夜」也「不睡眠」，如清朝大義所集的《法華經大成》提到：「**不睡**常行，即『般舟念佛三昧』也」❸，而智祥所集的《法華經授手》亦說「**不睡**而但經行，即與『般舟念佛三昧』同」❹。近代的《佛光教科書·佛教常識》說得更具體：

---

❷ 《增壹阿含經》卷 47，CBETA, T02, no. 125, p. 802a16-21。
❸ 《法華經大成》卷 1，CBETA, X32, no. 619, p. 375a10。
❹ 《法華經授手》，CBETA, X32, no. 623, p. 624a12。

般舟三昧，是一種佛立、常行的修持法，在為期三
個月的修行中，不坐<u>不睡</u>，只可立可行，累時靠在
繩子上<u>假寐</u>。❺

由此可見，在目前的佛教常識中，「般舟三昧」普遍被視為三
個月「不睡眠」的修持法。然而，這樣的觀點符合《般舟三昧
經》的本意嗎？細讀在支婁迦讖所譯的三卷本《般舟三昧經》，
確實發現「除睡眠」、「除睡臥」、「却睡臥」、「棄於睡眠」、
「不得臥出」等詞不斷出現在經文中，共計有十幾處之多，包
括：

項	《般舟三昧經》	經文
1	行品第二	與善知識共行空，除睡眠，……。❻
2	四事品第三	不得臥出三月，如指相彈頃。❼
		精進除睡臥，三月莫得懈。❽
3	四輩品第六	經行不得懈，不得臥出。❾
		常懃力不懈怠，除睡眠心開解。❿
	四輩品第六	却於懈怠，當精進，棄於睡眠，不得臥出，……。⓫
	四輩品第六	當精進却睡臥，捐所欲不貪壽。⓬

---

❺ 釋星雲，《佛教常識》，頁 158。
❻ 《般舟三昧經》卷 1，CBETA, T13, no. 418, p. 904b27-28。
❼ 同上，CBETA, T13, no. 418, p. 906a18-19。
❽ 同上，CBETA, T13, no. 418, p. 906b1。
❾ 《般舟三昧經》卷 2，CBETA, T13, no. 418, p. 909c14。
❿ 同上，CBETA, T13, no. 418, p. 910a11。
⓫ 同上，CBETA, T13, no. 418, p. 910a19-20。
⓬ 同上，CBETA, T13, no. 418, p. 910a29-b1。

4	授決品第七	行清淨戒除睡臥，逮是三昧終不難。❸
		常行精進除睡臥，不計吾我諸人物。❹
5	請佛品第十	菩薩不嫉妒，所作無有疑，却睡臥、却五所欲，……。❺
6	無想品第十一	七者、晝夜不得臥出；……。❻

由上可見，在《般舟三昧經》三卷十六品中，就有六品出現「除睡眠」等詞。上表的第六項，〈無想品〉提到菩薩有十事於三昧中立，第七事為「晝夜不得臥出」，從字面上容易解讀為「白天、晚上都不睡眠」。由此看來，《阿含》以來「初夜後夜，離於睡眠」的修行原則，到了《般舟三昧經》似乎有所改變了。然而，筆者從《般舟三昧經》的異譯本中卻發現，《般舟三昧經》中的「除睡眠」等詞可能不是指「不睡眠」。以《般舟三昧經》與《賢護分》的一段平行經文為例：

異譯本	平行經文
《般舟三昧經·四事品》	精進除睡臥，三月莫得懈。❼
《賢護分·三昧行品》	念勤精進除睡蓋，三月不坐唯經行。❽

比對之下，《般舟三昧經》中的「除睡臥」，其實指的是「除睡蓋」，而非「不睡眠」。此外，Harrison（1998）在其英

---

❸ 同上，CBETA, T13, no. 418, p. 912a22。

❹ 同上，CBETA, T13, no. 418, p. 912b8。

❺ 《般舟三昧經》卷3，CBETA, T13, no. 418, p. 915b4-5。

❻ 同上，CBETA, T13, no. 418, p. 916c2。

❼ 《般舟三昧經》卷1，CBETA, T13, no. 418, p. 906b1。

❽ 《大方等大集經賢護分》卷2，CBETA, T13, no. 416, p. 877c5-6。

譯本《般舟三昧經》將「除睡眠」等詞，部分譯為 eliminate sleepiness（去除睡意）**⑲**，與《賢護分》的「除睡蓋」相合。依據《般舟三昧經》異譯本及現代譯本的翻譯，普遍認為修持「般舟三昧」必須「不睡眠」的觀點，似乎還有商榷的餘地。

　　「除睡蓋」和「不睡眠」之間，可說差之毫釐失之千里。首先，如果把《般舟三昧經》之「除睡眠」等詞理解為「除睡蓋」的話，表示晝夜六時保持正念正知，「睡眠蓋」生起時，極力去除它，但可以在適當的時間（如中夜）睡眠，只要睡眠時亦不讓「睡眠蓋」生起即可。舉例而言，世尊在《離睡經》教導目犍連「除睡」的十種方法，其中包括憶念、誦習、為他人廣說自己過去曾聽聞的法、以冷水洗眼、觀星宿、經行等等。如果前九種方法都無效，世尊教導的最後一種方法就是保持正念地去「睡覺」，所謂「四疊敷鬱多羅僧著床上，舉僧伽梨著頭前，右脅著床上，足足相累，當作明想，當無亂意，常作起想，思惟住」。**⑳**換言之，「睡眠」亦是

⑲ Paul M. Harrison, *The Pratyutpanna Samādhi Sutra*.

⑳ 原文見《離睡經》：「彼時世尊從三昧起，告尊者大目乾連曰：『汝目乾連！汝目乾連！汝欲睡？……為何以念而欲睡耶？〔1〕莫行想，莫分別想，莫多分別，如是睡當離；〔2〕汝若睡不離者，汝目乾連！如所聞法，如所誦法，廣當誦習，如是睡當離。〔3〕若不離者，汝目乾連！如所聞法，如所誦法，當廣為他說，如是睡當離。〔4〕若不離者，汝目乾連！如所誦法，如所聞法，意當念、當行，如是睡當離。〔5〕若不離者，汝目乾連！當以冷水洗眼，及洗身支節，如是睡當離。〔6〕若不離者，汝目乾連！當以兩手相挑兩耳，如是睡當離。〔7〕若不離者，汝目乾連！當起出講堂，四方視及觀星宿，如是睡當離。〔8〕若不離者，汝目乾連！當在空處仿佯行，當護諸根，意念諸施，後當具想，如是睡當離。〔9〕若不離者，

其中一項「除睡蓋」的方法，因為缺乏人體基本所需的「睡眠」也可能導致「睡眠蓋」的生起。又如《中部・第三十六經》（Mahāsaccakasuttaṃ）所記載，世尊告訴薩遮迦尼乾子（Saccaka nigantha）自己在夏季最後一個月，中午托鉢食畢，將大衣摺成四折後，以右脅而臥，正念正知地進入睡眠。❹由此可見，佛與阿羅漢雖已斷除「睡眠蓋」，但仍然會攝取適當的「睡眠」。❷這種方式只是不允許內心的「睡眠蓋」生起，無論是在「禪修」時或「睡眠」時。

另一方面，如果把《般舟三昧經》之「除睡眠」等詞理解為「不睡眠」的話，則表示不管「睡眠蓋」是否於心中生起，只要晝夜六時都「不睡覺」即是。舉例而言，《增一阿含經・力品》就記載者尊者阿那律曾堅持晝夜六時都「不睡眠」，導

汝目乾連！當還離伤伴，舉尼師壇，敷著床上，結跏趺坐，如是睡當離。〔10〕若不離者，汝目乾連！當還入講堂，四疊敷鬱多羅僧著床上，舉僧伽梨著頭前，右脅著床上，足足相累，當作明想，當無亂意，常作起想思惟住。』」（CBETA, T01, no. 47, p. 837a17-b7）

❹ 世尊與薩遮迦尼乾子的完整對話內容，見 MN I 249: "Okappaniyametaṃ bhoto gotamassa yathā taṃ arahato sammāsambuddhassa. Abhijānāti kho pana bhavaṃ gotamo divā supitā"ti? "Abhijānāmahaṃ, aggivessana, gimhānaṃ pacchime māse pacchābhattaṃ piṇḍapātapaṭikkanto catugguṇaṃ saṅghāṭiṃ paññapetvā dakkhiṇena passena sato sampajāno niddaṃ okkamitā"ti。

❷ 說一切有部認為「睡眠」分為「染污」與「不染污」兩種類，如《阿毘達磨大毘婆沙論》卷三十七：「然諸睡眠略有二種：一、染污；二、不染污。諸染污者：佛及獨覺、阿羅漢等，已斷遍知。不染污者：為調身故，乃至諸佛，亦現在前，況餘不起。故知諸佛亦有睡眠。是故睡眠通五趣有，中有亦有，在胎卵中諸根身分已滿足者亦有睡眠。」（CBETA, T27, no. 1545, p. 194a23-28）

致雙眼失明亦不在乎。❷在努力連夜「不睡眠」的過程中，忽略人體的基本需求，就算再睏也要「熬」下去。然而，就如同熬夜讀書或熬夜工作一樣，其效率和效果是否很好？值得思索。這種方式允許身體的「不睡眠」與內心的「睡眠蓋」同時共存。

　　由此可見，「除睡眠」等詞的不同解讀，將會導致「般舟三昧」修法上的極大差異。這，對於「般舟」行者而言，無疑是重要的課題。到底《般舟三昧經》中的「除睡眠」等詞，指的是徹夜「不睡眠」，抑或「除睡蓋」？為釐清這些詞的定義，本章以支婁迦讖所譯的三卷本《般舟三昧經》為主，兼考察這些詞在古今多種譯本中的翻譯，進而將這些詞在不同譯本中所表達的概念進行比對分析。接著，再考察「除睡眠」等詞在其他漢譯經論中的定義。

第一節　《般舟三昧經》古今譯本之比對

一、《般舟三昧經》與「現代譯本」之比對

　　「般舟三昧」的修持，普遍被認為必須晝夜「不睡眠」，通常以九十日為一期。然而，從具有學術性的現代語言譯本中卻發現，出現於《般舟三昧經》的「除睡眠」等詞，指的不一定是「不睡眠」。以下將支婁迦讖所譯的三卷本《般舟三昧經》

---

❷ 《增壹阿含經》卷 31，CBETA, T02, no. 125, p. 719a7-11。

以及 Harrison 對此經的英譯 *The Pratyutpanna Samādhi Sutra* 相互對照，其扼要的結果如下：

項	《般舟三昧經》	Harrison 英譯❷❹
1	與善知識共行空，<u>除睡眠</u>，……。❷❺	eliminating sleepiness
2	<u>不得臥出三月</u>，如指相彈頃。❷❻	ought not to go to sleep
	<u>精進除睡臥</u>，三月莫得懈。❷❼	eliminate sleepiness
3	經行不得懈，<u>不得臥出</u>。❷❽	should not go to sleep
	常懃力不懈怠，<u>除睡眠</u>心開解。❷❾	eliminate sleep
4	却於懈怠，當精進，<u>棄於睡眠</u>，<u>不得臥出</u>，……。❸⓿	get rid of sleepiness, should not go to sleep
	當精進<u>却睡臥</u>，捐所欲不貪壽。❸❶	eliminate sleepiness
5	行清淨戒<u>除睡臥</u>，逮是三昧終不難。❸❷	eliminates sleepiness
6	常行精進<u>除睡臥</u>，不計吾我諸人物。❸❸	eliminating sleepiness
7	所作無有疑，<u>却睡臥</u>、却五所欲，……。❸❹	eliminating sleepiness
8	七者、晝夜<u>不得臥出</u>；……。❸❺	should not go to sleep

---

❷❹ 限於篇幅，Harrison 的英譯只對照《般舟三昧經》有「底線」的經文。
❷❺ 《般舟三昧經》卷 1，CBETA, T13, no. 418, p. 904b27-28。
❷❻ 同上，CBETA, T13, no. 418, p. 906a18-19。
❷❼ 同上，CBETA, T13, no. 418, p. 906b1。
❷❽ 《般舟三昧經》卷 2，CBETA, T13, no. 418, p. 909c14。
❷❾ 同上，CBETA, T13, no. 418, p. 910a11。
❸⓿ 同上，CBETA, T13, no. 418, p. 910a19-20。
❸❶ 同上，CBETA, T13, no. 418, p. 910a29。
❸❷ 《般舟三昧經》卷 2，CBETA, T13, no. 418, p. 912a22-23。
❸❸ 同上，CBETA, T13, no. 418, p. 912b8。
❸❹ 《般舟三昧經》卷 3，CBETA, T13, no. 418, p. 915b4-5。
❸❺ 同上，CBETA, T13, no. 418, p. 916c2。

由上可見，Harrison 對「除睡眠」等詞的翻譯可歸為二類：

1. 將「臥出」譯為 sleep（睡眠）。

2. 將「睡眠」與「睡臥」譯為 sleepiness（睡意）。

其中，sleep（睡眠）偏重於「生理」上的睡眠，而 sleepiness（睡意）則偏重於欲睡未睡的「心理」狀況。Harrison 如是將「除睡眠」與「除睡臥」譯為 eliminating sleepiness（去除心理上的睡意），極合乎佛法的原則，因為「三昧」的修習必須去五蓋，其中的「睡眠蓋」可說相當於 Harrison 所謂的 sleepiness（睡意）。釋開仁（2010）在〈淨治睡眠的禪修傳統〉亦主張「睡眠」屬於「生理」與「心理」兩方面都必須克服的問題。[36] 可見，從「生理」與「心理」兩個層面翻譯「睡眠」這個漢詞，對於正確解讀「除睡眠」是極有意義的。

無論如何，Harrison 這樣的翻譯一方面帶出了更符合經義的解讀，但仍不夠徹底，它在另一方面卻引生了前後文脈不一致的問題。原因在於同一品經文的「長行」與「偈頌」所要表達的意思理應一致，但依據 Harrison 的翻譯並非如此。舉例而言，依上表左欄的第 2 列，〈四事品〉的「長行」提到：「<u>不得臥出</u>三月，如指相彈頃」，而「偈頌」則言：「精進除睡臥，三月莫得懈」，Harrison 分別將「不得臥出」與「除睡臥」譯為 ought not to go to sleep 和 eliminate sleepiness。換言之，「長行」指的是免除**生理**上的睡眠（sleep），而「偈頌」指的是去除**心理**上的睡意（sleepiness），兩者的不一致造成文脈不通。

---

[36] 釋開仁，〈淨治睡眠的禪修傳統〉，頁 140。

從上表右欄的第 3 列和第 4 列亦可看出相同的問題。欲使《般舟三昧經》文脈一致,應當在 not to go to sleep 與 eliminate sleepiness 之間,二選一。❸

　　到底「除睡眠」、「除睡臥」、「却睡臥」、「棄於睡眠」、「不得臥出」在《般舟三昧經》的文脈中是指避免生理上的睡眠(not to go to sleep),還是指去除內心的睡意(eliminate sleepiness)?通過現代譯本無法得到解答,唯有進一步考察漢譯《般舟三昧經》諸異譯本。

二、現存漢譯《般舟三昧經》異譯本之比對

　　「回歸原典」對於文獻考究十分重要,可惜漢譯《般舟三昧經》所依據的原典(梵本或胡本)皆已佚失,若要考察「除睡眠」等詞真正指的是什麼,唯有先從漢文現存的四個異譯本著手,包括《大方等大集經賢護分》(T.416)、《佛說般舟三昧經》(T.417)、《般舟三昧經》(T.418)及《拔陂菩薩經》(T.419)。❸然而《拔陂菩薩經》極短,其內容相僅當於《般

---

❸ Harrison 對《般舟三昧經》中「不睡眠」等詞有不同的解讀和翻譯,可能是受到藏譯本的影響,因為 Harrison(1998)將三卷本《般舟三昧經》譯為英文之前,早已依據德格、奈塘、北京及拉薩版《甘珠爾》中的《般舟三昧經》,並在 1978 年出版為 *The Tibetan text of the Pratyutpanna-Buddha-Saṃmukhāvasthita-Samādhi-Sūtra*。接著在 1990 年出版了此藏譯本的英譯 *The Samādhi of Direct Encounter with the Buddhas of the Present: An Annotated English Translation of the Tibetan Version of the Pratyutpanna-Buddha-Saṃmukhāvasthita-Samādhi-Sūtra*。他在這些著作中對所有漢文及藏文之異譯本皆有詳細的考究,可謂《般舟三昧經》的權威著作。

❸ Harrison(1990)對現存《般舟三昧》各個譯本的成立、彼此之間的關係

舟三昧經》的前四品。此外，《佛說般舟三昧經》僅有八品，只有「長行」而沒有「偈頌」，其內容基本上和《般舟三昧經》大致相同。因此，這兩部經對於考察「除睡眠」等詞無法提供很大的幫助。唯獨較晚期譯出的《賢護分》❸比較詳盡，而且對於這些詞有不同的翻譯，有助於釐清這些詞真正要表達的概念。在不同的時間、區域翻譯出來的《般舟三昧經》與《賢護分》所依據的原文可能不同，但兩者的主要架構大體上一致。試將三卷本《般舟三昧經》與《賢護分》的相關文句作對照，重要的結果如下：

項	《般舟三昧經》	《賢護分》
1	與善知識共行空，除睡眠，不聚會，避惡知識……棄蓋習禪。❹	親善知識，滅除諸蓋，遠離惡友，息世語言……初中後夜，減損睡眠……。❹
2	不得臥出三月，如指相彈頃。❹	於三月內不暫睡眠。❹

作了全面且深入的研究。詳見 Paul M. Harrison, *The Samādhi of Direct Encounter with the Buddhas of the Present* , pp. 270-272。對《般舟三昧經》有不少研究的末木文美士認為 Harrison 有關《般舟三昧經》的形成順序及其在思想史上的地位等問題的考究與結論，迄今為止最為妥當。參末木文美士，〈《般舟三昧經》──形成史與思想史若干問題之研究〉，頁 139。

❸ 《賢護分》由隋朝闍那崛多（523 － 601）所譯，比支婁迦讖（147 － 246）所譯的《般舟三昧經》遲出將近三百年。

❹ 《般舟三昧經》卷 1，CBETA, T13, no. 418, p. 904b24-c8。

❹ 《大方等大集經賢護分》卷 1，CBETA, T13, no. 416, p. 875a7-9。

❹ 《般舟三昧經》卷 1，CBETA, T13, no. 418, p. 906a18-19。

❹ 《大方等大集經賢護分》卷 2，CBETA, T13, no. 416, p. 877b19。

	精進除睡臥，三月莫得懈。❹❹	念勤精進除睡蓋，三月不坐唯經行。❹❺
3	經行不得懈，不得臥出。❹❻	常當經行，破除睡蓋。❹❼

　　首先應注意第一項，《般舟三昧經‧行品》提及「棄蓋習禪」，而《賢護分‧思惟品》則言「滅除諸蓋」。從其用詞可知「蓋」完全無益，所以應當「棄除」或「滅除」它。此外，《般舟三昧經‧行品》所言「除睡眠」並沒有時間的限制，然《賢護分‧思惟品》則提到「初中後夜，減損睡眠」。這夜三時的「減損睡眠」應指生理上的睡眠（sleep）。從其用詞可知，生理上的睡眠（sleep）並非全無利益，所以只須「減損」它，而不是「滅除」它。值得一提的是，「初中後夜，減損睡眠」這一段文，在藏譯本對應的經文中為「初夜後夜，精進不睡眠」，不包括「中夜」。❹❽顯然，藏譯本與《賢護分》雙雙表示「中夜」可以「睡眠」。

　　簡言之，生理上的「睡眠」並不完全屬於一種「蓋」，而且「滅除」生理上的「睡眠」是極度困難的事。因此在上表的

---

❹❹ 《般舟三昧經》卷 1，CBETA, T13, no. 418, p. 906b1。

❹❺ 《大方等大集經賢護分》卷 2，CBETA, T13, no. 416, p. 877c5-6。

❹❻ 《般舟三昧經》卷 2，CBETA, T13, no. 418, p. 909c14。

❹❼ 《大方等大集經賢護分》卷 3，CBETA, T13, no. 416, p. 883b27-28。

❹❽ 原文為 "nam gyi cha stod daṅ cha smad la mi ñal ba'i brtson 'grus daṅ ldan pa /"，見 Paul M. Harrison, *The Tibetan text of the Pratyutpanna-Buddha-Saṃmukhāvasthita-Samādhi-Sūtra*, p. 21。

第一項，《般舟三昧經‧行品》所謂「除睡眠」恐怕不是指生理上的「睡眠」。到底「除睡眠」等詞真正指的是什麼？第二、第三項有進一步的解答。

依據上表第二項，《般舟三昧經‧四事品》與《賢護分‧三昧行品》在「長行」分別提到於三個月「不得臥出」及「不暫睡眠」。這兩個語詞容易讓讀者認為它們所要表達的是禁止生理上的「睡眠」。若進一步看其「偈頌」，《般舟三昧經‧四事品》提到「精進除睡臥」，而《賢護分‧三昧行品》則言「精進除睡蓋」。可見「除睡臥」要表達的是「除睡蓋」。「長行」與「偈頌」理應一致，因此在《賢護分》「長行」所謂的「不暫睡眠」，必然相等於其「偈頌」的「除睡蓋」。比對之下，可知《般舟三昧經‧四事品》「長行」的「不得臥出」及「偈頌」中的「除睡臥」同樣指的是「除睡蓋」。這一點，從上表第三項的比對中又進一步獲得肯定。顯然，《般舟三昧經‧四輩品》所言「不得臥出」相等於《賢護分‧解行具足品》的「破除睡蓋」。

由上述兩部經典的比對與推論，可知出現於《般舟三昧經》的「除睡眠」、「不得臥出」、「除睡臥」、「却睡臥」所表達的並非去除生理上的睡眠，而是去除內心的煩惱——「睡眠蓋」。這也才符合《般舟三昧經‧行品》一開始就提到的「棄蓋習禪」，以及《賢護分‧思惟品》中「滅除諸蓋」的文脈，因為「睡眠蓋」是妨礙禪定的其中一項因素，是完全無利於禪修者的煩惱。無論如何，單單從上述《般舟三昧經》及《賢護分》的比對，就斷言「除睡眠」等詞指的是去除心理的

蓋纏——「睡眠蓋」，似乎還言之過早。這樣的推論似乎可以在藏譯本中獲得進一步的肯定。

三、漢、藏《般舟三昧經》之比對

根據 Harrison（1990）的研究，《般舟三昧經》從最原始的梵本，開展出三支主要傳譯系統：1. 藏譯本；2. 三卷本《般舟三昧經》；3.《賢護分》、現存的一頁梵文殘卷，以及《十住毘婆沙論》所引用的《般舟三昧經》。[49] 可見，藏譯本並非從漢譯《般舟三昧經》轉移過來。因此，漢、藏《般舟三昧經》之間的比對有其價值。

若將漢譯三卷本《般舟三昧經》有關「除睡眠」等詞的文脈與 Harrison 修訂的藏譯本 *The Tibetan text of the Pratyutpanna-Buddha-Saṃmukhāvasthita-Samādhi-Sūtra* 進行比對分析，其簡要結果如下：

項	三卷本《般舟三昧經》	The Tibetan text of the Pra-S [50]
1	與善知識共行空，除睡眠，不聚會。[51]	rmugs pa daṅ gñid rnam par spoṅ ba [52]（去除惛沈與睡眠蓋）[53]

---

[49] Paul M. Harrison, *The Samādhi of Direct Encounter with the Buddhas of the Present*, pp. 270-272.

[50] 限於篇幅，這份表格中的藏譯只對照《般舟三昧經》有「底線」的經文。

[51] 《般舟三昧經》卷 1，CBETA, T13, no. 418, p. 904b27-28。

[52] Paul M. Harrison, *The Tibetan text of the Pratyutpanna-Buddha-Saṃmukhāvasthita-Samādhi-Sūtra*, p. 21.

[53] 括弧中的文字，屬於筆者的試譯。

2	不得臥出三月，如指相彈頃……。❺	rmugs pa daṅ gñid kyis mi non pa ❺ （不被惛沈與睡眠蓋征服）
	精進除睡臥，三月莫得懈……。❺	gñid ni spaṅs byas ❺ （去除睡眠蓋）
3	經行不得懈，不得臥出，……。❺	rmugs pa daṅ gñid kyis mi non pa ❺ （不被惛沈與睡眠蓋征服）
	常懃力不懈怠，除睡眠心開解……。❻	gñid kyis mi non ciṅ ❻ （不被睡眠蓋所降伏）
4	棄於睡眠，不得臥出……。❻	rmugs pa daṅ gñid spaṅ bar bya'o // mi ñal bar sbyor ba la brtson pa daṅ / ❻ （去除惛沈與睡眠蓋，精進不睡眠）
	當精進却睡臥，捐所欲不貪壽……。❻	gñid ni spaṅ byas la ❻（去除睡眠蓋）

❺ 《般舟三昧經》卷 1，CBETA, T13, no. 418, p. 906a18-19。

❺ Paul M. Harrison, *The Tibetan text of the Pratyutpanna-Buddha-Saṃmukhāvasthita-Samādhi-Sūtra*, p. 39.

❺ 《般舟三昧經》卷 1，CBETA, T13, no. 418, p. 906b1。

❺ Paul M. Harrison, *The Tibetan text of the Pratyutpanna-Buddha-Saṃmukhāvasthita-Samādhi-Sūtra*, p. 41.

❺ 《般舟三昧經》卷 2，CBETA, T13, no. 418, p. 909c14。

❺ Paul M. Harrison, *The Tibetan text of the Pratyutpanna-Buddha-Saṃmukhāvasthita-Samādhi-Sūtra*, p. 87.

❻ 《般舟三昧經》卷 2，CBETA, T13, no. 418, p. 910a11-12。

❻ Paul M. Harrison, *The Tibetan text of the Pratyutpanna-Buddha-Saṃmukhāvasthita-Samādhi-Sūtra*, p. 91.

❻ 《般舟三昧經》卷 2，CBETA, T13, no. 418, p. 910a20。

❻ Paul M. Harrison, *The Tibetan text of the Pratyutpanna-Buddha-Saṃmukhāvasthita-Samādhi-Sūtra*, p. 92.

❻ 《般舟三昧經》卷 2，CBETA, T13, no. 418, p. 910a29-b1。

❻ Paul M. Harrison, *The Tibetan text of the Pratyutpanna-Buddha-Saṃmukhāvasthita-Samādhi-Sūtra*, p. 93.

| 5 | 行清淨戒除<u>睡臥</u>，逮是三昧終不難……。❻ | gñid ni spaṅ byas la ❻ （去除睡眠蓋） |
| 6 | 菩薩不嫉妬，所作無有疑，却<u>睡臥</u>……。❻ | rmugs pa daṅ gñid daṅ bral ba ❻ （離惛沈與睡眠蓋） |

　　先注意上表右邊藏譯一欄。比起漢譯《般舟三昧經》，藏譯的用詞其實比較規則。相對於無規則地出現在漢譯《般舟三昧經》中的「睡眠」、「臥出」、「睡臥」，藏譯本在「長行」中一律用 rmugs pa daṅ gñid，而「偈頌」則翻為 gñid。首先須釐清的是 rmugs pa daṅ gñid 這一串詞。它是專門術語，相當於梵語複合詞 styānamiddha，中文應為「惛沈與睡眠」❼，在漢譯經典常作「惛沈睡眠」❼，而 Harrison 將它英譯為 sloth and

---

❻ 《般舟三昧經》卷 2，CBETA, T13, no. 418, p. 912a22-23。

❻ Paul M. Harrison, *The Tibetan text of the Pratyutpanna-Buddha-Saṃmukhāvasthita-Samādhi-Sūtra*, p. 114.

❻ 《般舟三昧經》卷 3，CBETA, T13, no. 418, p. 915b4。

❻ Paul M. Harrison, *The Tibetan text of the Pratyutpanna-Buddha-Saṃmukhāvasthita-Samādhi-Sūtra*, p. 147.

❼ rmugs pa 相當於「惛沈」，gñid 則相當於「睡眠」。

❼ 漢譯所用的詞彙有其時代性。「惛沈睡眠」最初在唐代的漢譯經典中出現，玄奘是最常使用這個詞的翻譯家，菩提流支以及宋代施護與法護也採用這個詞，舉例而言：

　1. 唐·玄奘，《大般若波羅蜜多經》卷 326：「復次，善現！若不退轉位菩薩摩訶薩，決定不與五蓋共居，所謂貪欲、瞋恚、惛沈睡眠、掉舉惡作、疑蓋。」（CBETA, T06, no.220, p. 666a14-16）

　2. 唐·菩提流志，《大寶積經》卷 41：「菩薩摩訶薩行大悲時，觀諸眾生五蓋所覆…貪著六處…多於瞋恚…惛沈及以眠睡…掉悔之所纏縛…疑網纏裏，於甚深法不能決定。」（CBETA, T11, no. 310, p. 236c12-23）

　3. 宋·施護，《佛說佛母出生三法藏般若波羅蜜多經》卷 7：「……遠離

torpor。❼rmugs pa daṅ gñid 即是五蓋之一的「惛沈睡眠蓋」，乃障礙修行者獲得禪定或慧觀的內在煩惱。唯有當五蓋去除時，才有機會證得三昧。❼因此，若欲證得「般舟三昧」，勢必去除「惛沈睡眠蓋」，這是理所當然的。

　　如上所述，同一段經文的「長行」與「偈頌」的內容必須一致。既然出現在藏譯本「長行」中的 rmugs pa daṅ gñid 指的是「惛沈睡眠蓋」，「偈頌」中的 gñid 無疑指向同樣的概念——「睡眠蓋」。唯有如此，經文才能呈現其一致性。然而，為何「偈頌」不用完整的 rmugs pa daṅ gñid，而只有 gñid 呢？很大的原因，當然是為了符合「偈頌」的格式，如字數、韻律等因素。

　　顯而易見，藏譯本《般舟三昧》不但用詞一致，「長行」與「偈頌」所表達的意思也一致，全經都在強調欲證得「般舟三昧」，必須去除「睡眠蓋」，不得被「惛沈睡眠蓋」所降服。

惛沈睡眠及諸障法。諸菩薩於兢伽沙數劫中，如是精進不生懈退。」
（CBETA, T08, no.228, p. 612c23-24）

❼ Harrison（1990）將他自己校訂的藏本《般舟三昧經》譯為英文，經過筆者的比對，發現 Harrison 將經中 rmugs pa daṅ gñid 與 gñid 分別譯為 sloth and torpor 及 torpor，細節在此不贅述。詳見 Paul M. Harrison, *The Samādhi of Direct Encounter with the Buddhas of the Present: An Annotated English Translation of the Tibetan Version of the Pratyutpanna-Buddha-Saṃmukhāvasthita- Samādhi-Sūtra*, p. 39, pp. 45-46, p. 82, pp. 86-88, p. 108, p. 137, p. 112。

❼ 《瑜伽師地論》卷 21：「於五種蓋淨修其心，所謂：『貪欲、瞋恚、惛沈睡眠、掉舉惡作及以疑蓋』。從彼諸蓋淨修心已，心離諸蓋，安住賢善勝三摩地。」（CBETA, T30, no.1579, p. 397b28-c1）

接著，將漢、藏譯本相互對讀即可發現，漢譯《般舟三昧經》的「除睡眠」、「不得臥出」、「却睡臥」、「除睡臥」指的就是去除障礙定慧的「睡眠蓋」。

第二節　「除睡眠」等詞在其他漢譯經典之義

　　以上通過現代譯本、古漢譯本、藏譯本的比對，似乎可以斷定《般舟三昧經》「除睡眠」等詞指的是去除「睡眠蓋」。然而對此初步的結論，下文仍須更進一步從其他漢譯經典考證「除睡眠」等詞的定義。

一、「除睡眠」即「除睡眠蓋」

　　「睡眠」、「臥出」、「睡臥」這三個詞以「被否定」的形式出現，在其他漢譯經典中並不多見。通過 CBETA 搜尋，「除睡眠」、「不得臥出」、「却睡臥」、「除睡臥」在其他漢譯經典出現的次數如下：

關鍵詞	出現次數	
	《般舟三昧經》	其他漢譯經典
除睡眠	2	14
不得臥出	4	0
棄於睡眠	1	0
却睡臥	2	0
除睡臥	3	1

從上表可知，「不得臥出」、「棄於睡眠」、「却睡臥」不曾
在其他漢譯經典中出現，而「除睡臥」只在《佛說齋經》中出
現一次，因此無法探討它們在其他漢譯經中的詞義。無論如
何，「除睡眠」在其他漢譯經典則出現十四次，其中包括後
漢·安世高所譯《佛說罵意經》、西晉·竺法護所譯《修行道
地經》、東晉·瞿曇僧伽提婆所譯《中阿含經》、姚秦·竺佛
念所譯《出曜經》、後秦·佛陀耶舍共竺佛念譯《長阿含經》、
隋·闍那崛多所譯《佛本行集經》與《大法炬陀羅尼經》，以
及失譯的《別譯雜阿含經》，共八部經。值得注意的是，只要
相關經文論及「正念」、「禪定（三昧）」或「慧觀」的修習，
「除睡眠」指的即是「去除睡眠蓋」，如《佛本行集經》所言：

> 自已<u>滅除睡眠</u>纏蓋，心得清淨，光明現前，<u>正念圓
> 滿</u>，亦教眾生，令斷一切睡眠覆障。❼

當「睡眠纏蓋」去除以後，才能成就圓滿的「正念」。若欲更
進一步成就「正定」，亦須先「除睡眠蓋」，如《大法炬陀羅
尼經》云：

> 若復有人，具於信心，不退善法，精進不倦，能修
> 慚愧，有智之人，具行善法，無有貪想，遠離瞋
> 嫌，<u>除睡眠蓋</u>，心不掉動，無有疑惑，不著身見，

---

❼《佛本行集經》卷 30，CBETA, T03, no. 190, p. 792c16-18。

> 心淨無染，不喜瞋恚，能住心念，具於禪定，……
> 如斯等人，於日夜中，善法增長。❼

從「具於信心……無有貪想，遠離瞋嫌，**除睡眠蓋**……〔乃
至〕……具於禪定」，這是逐步成就禪定的方法。另外，在
《大法炬陀羅尼經》亦提到：

> 於是法門發大精進，修行無量空三昧行、無願三昧
> 行、無相三昧行，滅覺觀，除睡眠，斷掉悔，離諠
> 雜。❼

所謂「覺觀」，《大智度論》云：「麁心相名『覺』，細心相
名『觀』……有三種麁覺：欲覺，瞋覺，惱覺。」因此，「滅
覺觀，除睡眠，斷掉悔」實指滅除「貪欲、瞋恚、睡眠、掉悔」
等五蓋。可見，此處「除睡眠」指的是「除睡眠蓋」，為成就
「三昧」的要務。

最清楚表示「除睡眠」即「除睡眠蓋」的是《出曜經》的
記載：

> 比丘除睡眠，盡苦更不造；
> 降心服於藥，護心勿復調。

---

❼ 《別譯雜阿含經》卷 6，CBETA, T02, no. 100, p. 415c6-13。
❼ 《大法炬陀羅尼經》卷 2，CBETA, T21, no. 1340, p. 665c23-25。

> 比丘除睡眠，盡苦更不造者，觀行比丘除去睡眠陰
> 蓋之患，盡諸苦際更不造新。❼

在此，比丘「除睡眠」指的是正在修持「慧觀」（vipaśyanā）的比丘「去除睡眠蓋」所帶來的禍患。

綜上所述，若「除睡眠」在培育「正念、三昧、慧觀」的經典脈絡中出現，必然指向「除睡眠蓋」。《般舟三昧經》，顧名思義即是要達到「般舟三昧」——現在諸佛悉在前立之三昧。經中亦提到修行者成就「般舟三昧」後，還必須「觀空」。❼❽處於「三昧」與「空觀」文脈底下的《般舟三昧經》，經中反復出現的「除睡眠」等詞，無疑是指「除睡眠蓋」。

二、「不得臥出」、「未嘗睡眠」即「去除睡眠蓋」

另外，「不得臥出」在其他漢譯經中不曾出現。儘管如此，可以間接地從《十住毘婆沙論》找到線索。根據《般舟三昧經‧四事品》，若欲快速證得「般舟三昧」，「不得臥出三月，如指相彈頃」是必要的四事之一。針對此四事之一，鳩摩羅什所譯的《十住毘婆沙論‧助念佛三昧品》則云：「於三月未嘗睡

---

❼ 《出曜經》卷28，CBETA, T04, no. 212, p. 764b12-15。

❽ 有關「空觀」，如《般舟三昧經》卷2：「觀察所有如虛空，道意寂然審第一；無想無作亦無聞，是為解了尊佛道。見一切色不想念，眼無所著無往來；常觀諸佛等如空，已度世間諸所求。」（CBETA, T13, no. 418, p. 909a13-17）

眠。」❼「未嘗睡眠」在其他漢譯經中極少出現。然,同為鳩
摩羅什所譯的《妙法蓮華經》則有所記載:

> 又見佛子,未嘗睡眠;經行林中,懃求佛道。❽

乍看之下,「未嘗睡眠」有「不曾睡眠」之意,然而依據此偈
的梵文:

> vīrye sthitāḥ keci jinasya putrā middhaṃ jahitvā ca
> aśeṣato 'nye |
> caṃkramyayuktāḥ pavane vasanti vīryeṇa te prasthita
> agrabodhim || ❽

「未嘗睡眠」的平行梵文為 middhaṃ jahitvā aśeṣataḥ,可以解
讀為「完全捨棄睡眠」(完全不睡眠),也可以解讀為「完
全捨棄睡眠**蓋**」(心理層面)。middha(睡眠)這個詞在《阿
含》與《尼柯耶》中並沒有明確的定義,部派初期的阿毘達
磨在五蓋的範疇內談 middha,到了後期才出現嚴格的定義,

---

❼ 《十住毘婆沙論》卷 12:「復次,初四法者:一、於三月未嘗睡眠,唯
除便利飲食坐起;二、於三月乃至彈指不生我心;三、於三月經行不息;
四、於三月兼以法施不求利養。是為四。」(CBETA, T26, no. 1521, p.
86b29-c4)

❽ 《妙法蓮華經》卷 1,CBETA, T09, no. 262, p. 3b1-3。

❽ U. Wogihara and C. Tsuchida, eds., *Saddharmapuṇḍarīka-Sūtram*, p. 11;
Shōkō Watanabe, ed., *Saddharmapuṇḍarīka Manuscripts Found in Gilgit*, p. 10.

而且各部派的見解不同。其中，有把 middha 視為心理現象者，如上座部大寺派將之歸入「不善心所」，有部與瑜伽行將之歸入「不定心所」；也有把 middha 視為生理現象者，如上座部無畏山派主張「睡眠色」。❷無論如何，依據 Hendrik Kern 梵翻英《法華經》，middhaṃ jahitvā aśeṣataḥ 英譯為 completely renouncing sloth（完全捨棄惛沉〔睡眠〕）。❸如此看來，「未嘗睡眠」未必指「完全不睡眠」，而是針對內心的睡眠蓋而言。這一點，北宋·從義在《法華經三大部補注》解釋得非常清楚：

> 「未嘗睡眠」如《止觀》第四記。經中既云「未嘗睡眠」，此必須指棄五蓋中棄睡眠文也。心神昏昏為睡，六識闇塞、四支倚放為眠。《大論》云：「眠為大闇無所見，日日欺誑奪人明；亦如臨陣白刃間，如共毒蛇同室睡」，故知不指調五事中調眠之事也。❹

如同《摩訶止觀》卷四所記載，《法華經》所謂的「未嘗睡眠」**必須指**「棄五蓋」之「棄睡眠蓋」，而不是調五事（調食、調眠、調身、調息、調心）的「調睡眠」。另外，明代如愚在《法

---

❷ 有關各部派對於「睡眠」的定義與歸類，在本章第三節有詳細探討，在此不贅述。

❸ Hendrik Kern, trans., *Saddharma-Puṇḍarīka or The Lotus of the True Law*, p. 13.

❹ 《法華經三大部補注》卷 6，CBETA, X28, no. 586, p. 232a20-b1。

華經知音》卷一亦簡明地解釋道:

> 「未嘗睡眠」,去昏散也;「經行林中」,攝正念
> 也。**㊲**

明代如愚的用詞比較白話。「昏散」應相當於現代常用術語「惛
沈」,即「惛沈睡眠蓋」之簡稱。顯然,「未嘗睡眠」指的是
「去除睡眠蓋」。

　　值得注意的是,《妙法蓮華經》與《十住毘婆沙論》同為
鳩摩羅什所譯。既然記載於《妙法蓮華經》的「未嘗睡眠」意
指「去除睡眠蓋」,《十住毘婆沙論》中的「於三月未嘗睡眠」
以及《般舟三昧經》中的「不得臥出三月」也應表示同一個概
念,即:三個月中「除去睡眠蓋」,而非三個月中日日「徹夜
不眠」。

三、「却睡臥」即「除睡眠蓋」

　　《般舟三昧經·請佛品》提到有兩組五事能夠讓修行者快
速證得(疾得)「般舟三昧」。其中,第二組五事之第三事為:

> 菩薩不嫉妬,所作無有疑,<u>却睡臥</u>,却五所欲,不
> 自說身善,亦不說他人惡。……**㊳**

㊲ 《法華經知音》卷 1,CBETA, X31, no. 608, p. 352b5-6 。
㊳ 《般舟三昧經》卷 3,CBETA, T13, no. 418, p. 915b4-6。

這裡的「却睡臥」既然處於「疾得」三昧的文脈底下，應該是指晝夜六時（連中夜）毫不睡眠地精進用功吧？可是，《十住毘婆沙論・助念佛三昧品》對這一組五事亦有所記載，針對此第三事卻這麼寫道：

> 心無妬嫉，不自高身，不下他人，除眠睡蓋。❽

兩段經文互相比對之下，《般舟三昧經》中的「却睡臥」顯然是指「除眠睡蓋」。

四、「睡眠」、「睡臥」、「睡眠蓋」、「惛沈睡眠」、「惛沈睡眠蓋」，名異義同

在不同的漢譯經典中，五蓋的第三種蓋常以不同的名稱出現：1. 它有時以「惛沈睡眠蓋」出現，如唐・玄奘譯《大般若波羅蜜多經・不可動品》記載：「諸阿羅漢諸漏永盡，惛沈睡眠蓋纏俱滅，畢竟無夢。」❽；2. 有時則以「惛沈睡眠」出現，如《大般若波羅蜜多經・不退轉品》云：「若不退轉位菩薩摩訶薩，決定不與五蓋共居，所謂貪欲、瞋恚、惛沈睡眠、掉舉惡作、疑蓋。」❽；3. 有時卻以「睡眠蓋」出現

---

❽ 《十住毘婆沙論》卷 12，CBETA, T26, no. 1521, p. 86c25-26。

❽ 《大般若波羅蜜多經》卷 3，CBETA, T06, no. 220, p. 1016b10-11；同等經文以出現在《大般若波羅蜜多經》卷 474，CBETA, T07, no. 220, p. 401b29-c1。

❽ 《大般若波羅蜜多經》卷 326，CBETA, T06, no. 220, p. 666a14-16。

在經文中，如後秦・佛陀耶舍共竺佛念所譯《長阿含經》卷八言：「五蓋：貪欲蓋、瞋恚蓋、睡眠蓋、掉戲蓋、疑蓋。」❾⓿；4.有時則以最簡單的「睡眠」兩個字出現在經文中，如後秦・鳩摩羅什所譯《摩訶般若波羅蜜經・不退品》言：「菩薩摩訶薩不與五蓋俱──婬欲、瞋恚、睡眠、掉悔、疑。」❾❶ 5.或以「睡臥」出現，如西晉・無羅叉譯《放光般若經・夢中行品》云：「菩薩行禪波羅蜜時，若見眾生行五蓋事：一者、婬姝；二者、瞋恚；三者、睡臥；四者、調戲；五者、疑網……。」❾❷這涉及不同時代的翻譯用語問題。水野弘元指出「惛沈」（Pa.: thīna, Skt.: styāna）的舊譯是「睡」，而「睡眠」（middha）的舊譯為「眠」。❾❸換言之，舊譯「睡─眠（蓋）」相當於新譯的「惛沈─睡眠（蓋）」。顯然，玄奘採用的是新譯，而佛陀耶舍、竺佛念及鳩摩羅什的譯語屬於舊譯。

　　可見在漢譯經典中，「惛沈睡眠蓋」、「惛沈睡眠」、「睡眠蓋」、「睡眠」、「睡臥」往往表示同一個概念。在藏譯本「長行」的 rmugs pa daṅ gñid（惛沈與睡眠）以及在「偈頌」的 gñid（睡眠）亦有異曲同工之處。❾❹只要這些詞是以「否定」的形式出現在經文中，通常就會指向去除內心的「惛沈與睡眠

---

❾⓿ 《長阿含經》卷 8，CBETA, T01, no. 1, p. 51b9-10。

❾❶ 《摩訶般若波羅蜜經》卷 16，CBETA, T08, no. 223, p. 339c14-15。

❾❷ 《放光般若經》卷 13，CBETA, T08, no. 221, p. 92b29-c6。

❾❸ 水野弘元，《パーリ仏教を中心とした仏教の心識論》，頁 575、581。

❾❹ 在偈誦中以比較簡短的形式 gñid 出現，或許也是為了符合偈誦應有的規格、韻律及字數等因素。

蓋」。基於同樣的道理，在漢譯本「長行」或「偈頌」中出現
的「除睡眠」、「除睡臥」、「却睡臥」、「棄於睡眠」，其
實指的是同一個概念，即去除內心的染污——五蓋中的「睡眠
蓋」，而不是指禁止生理上的「睡眠」。

　　偏重於內心的「睡眠蓋」與偏重於生理的「睡眠」之間，
似乎不容易區分，因為身心是交互影響的。❾然而，在生理與
心理之間，世尊注重內心的淨化勝於生理的壓抑。以五蓋之
「貪欲蓋」為例，在《十誦律》有如是記載：

> 佛在舍衛國。爾時，有比丘起欲心故，自截男根，
> 苦惱垂死。諸比丘以是事白佛，佛言：「汝等看是
> 癡人！應斷異，所斷異。應斷者：貪欲、瞋恚、愚
> 癡。」如是呵已，語諸比丘：「從今不聽斷男根。
> 斷者，偷蘭遮。」❾❻

　　淫欲是比較明顯地反映在「身」、「心」兩個層面的煩惱。
由上可見，若淫欲心生起，應當斷內心的淫慾，而非斷除身體
上反映淫欲的男根，否則將會受到佛陀呵責為「愚癡人」。然
而，智慧不足者「應斷的不斷，不應斷的卻斷除了」。從這個
例子，反觀「睡眠」也一樣，應該斷除的是生理上的「睡眠」，

---

❾ Rupert Gethin, "Body, Mind and Sleepiness: On the Abhidharma understanding of *styāna* and *middha*," p. 226.
❾❻ 《十誦律》卷37，CBETA, T23, no. 1435, p. 269b15-19。

還是內心的「睡眠蓋」呢？答案顯而易見。這一點，從各部派阿毘達磨對於「睡眠」的定義與歸類中，可以獲得進一步的肯定。

第三節　「睡眠」在部派文獻之義

有關部派對「睡眠」（middha）的定義，目前有水野弘元《パーリ仏教を中心とした仏教の心識論》第四章之第四節❼、林隆嗣〈無畏山派的色法與睡眠色〉❽及 Gethin 的 "Body, Mind and Sleepiness: On the Abhidharma understanding of *styāna* and *middha*" ❾三篇研究。在此依水野弘元的研究為主，佐以 Gethin 與林隆嗣的說明，將各部派阿毘達磨與注釋文獻對「睡眠」的定義與歸類整理如下：

一、「睡眠」在阿毘達磨與注釋書之定義

「睡眠」（middha）的定義說明，在《尼柯耶》、《阿含》中並不存在，直到阿毘達磨時代才開始出現。此外，初

---

❼ 水野弘元，《パーリ仏教を中心とした仏教の心識論》，頁 581-587。

❽ 林隆嗣，〈無畏山派的色法與睡眠色〉，釋洞崧譯，《正觀雜誌》83，頁 163-191。

❾ Rupert Gethin, "Body, Mind and Sleepiness : On the Abhidharma understanding of *styāna* and *middha*." *Journal of the International College for Postgraduate Buddhist Studies* XXI, pp. 254-216.

期阿毘達磨對「睡眠」的定義，並非當作「心所法」，而是在五蓋的範疇內而說的「睡眠（蓋）」。把「睡眠」算入「心所法」中，是比較後期的事。⓿

（一）上座部

身為巴利七論之首的《法集論》，並沒有把「睡眠」（middha）歸入與八十九心相應的心所中。無論如何，《法集論》、《分別論》、《大義釋》給予「睡眠」的定義為：

> 身的不堪任性、不適業性、閉塞、完全閉塞、內在遲鈍、睡眠（困倦）、打瞌睡、假寐、入眠、入眠的狀態。⓫

依據注釋書的解釋，上述的「身」並非指身體，而是指五蘊中的受、想、行三者。⓬進入注釋時代之後，《清淨道論》、《法集論註》、《入阿毘達磨論》把「睡眠」歸類為「不善心所」，認為「睡眠」只是與不善心相應，其定義為：

> 睡眠以不適業為特相，有閉塞（其心）的作用，以

⓿ 水野弘元，《パーリ仏教を中心とした仏教の心識論》，頁581。

⓫ Dhs. p.205; Vibh. p. 254, MNd. p. 423: Kāyassa akalyatā akammaññatā onāho pariyonāho anto samorodho middhaṃ soppaṃ pacalāyikā supinā supitattaṃ.

⓬ Rupert Gethin, "Body, Mind and Sleepiness: On the Abhidharma understanding of *styāna* and *middha*," p. 232-231.

心的沉滯或眼的昏昏欲睡為現狀。這兩種都是由不
樂及欠伸等而起不如理作意為近因。**⑩**

相對於把「睡眠」視為「不善心所」，無畏山派（Abhayagiri）
卻提出「睡眠色」（middha-rūpa），所謂：「諸界懈怠，此謂
睡眠色。」**⑩**然而，大寺派（Mahāvihāra）不承認此說法，主
張「睡眠」乃五蓋之一，肯定是「心所法」而非「色法」。**⑩**

（二）說一切有部**⑩**

阿毘達磨時期，《集異門論》、《法蘊足論》、《發智論》
把「睡眠」（middha）當作「五蓋的睡眠」或「雜煩惱的睡眠」
而給予如下定義：

《集異門論》	染污心中所有眠夢，不能任持，心昧略性，是名睡眠。**⑩**
《法蘊足論》	染污心品所有眠夢，不能任持，心昧略性，總名睡眠。**⑩**
《發智論》	諸心睡眠，惛微而轉，心昧略性，是謂睡眠心。**⑩**

《集異門論》與《法蘊足論》指出「睡眠」與「染污心」相應；

---

⑩ 覺音著、葉均譯，《清淨道論》，頁 481。
⑩ 《解脫道論》卷 10，CBETA, T32, no. 1648, p. 446a28。
⑩ 覺音，《清淨道論》，頁 459。
⑩ 有關有部論書的分期，另見莊國彬，〈阿毘達磨七論〉。
⑩ 《阿毘達磨集異門足論》卷 12，CBETA, T26, no. 1536, p. 416b14-16。
⑩ 《阿毘達磨法蘊足論》卷 6，CBETA, T26, no. 1537, p. 483a18-20。
⑩ 《阿毘達磨發智論》卷 2，CBETA, T26, no. 1544, p. 925b13-14；《阿毘達
磨大毘婆沙論》卷 37，CBETA, T27, no. 1545, p. 192a2-3。

《發智論》並未提到「染污心」，但仍然視之為心理現象。《婆沙論》對於《發智論》的定義所作的註解道：「睡眠者，顯此但與意識相應；……心昧略性者，顯此自性是心所法。」⑩由此可見，「睡眠屬於心所法」是《婆沙論》以來所承認的觀點。《婆沙論》也主張「睡眠唯欲界五部，通善、不善、無記」。⑪世親的《俱舍論》是最初安立「不定心所」之名者，並將「睡眠」歸納其中。之後，《順正理論》更提出「不定地法」之名。有部注釋時代以後的論著，對「睡眠」定義如下：

《雜阿毘曇心論》	眠名身心昏昧，略緣境界名為眠。⑫
《入阿毘達磨論》	身心相續，令心昧略，名為睡眠，此得纏名，唯依染污。⑬
《俱舍論》	眠謂令心昧略為性，無有功力執持於身。⑭ 復有此餘不定心所：惡作、睡眠、尋、伺等法。⑮ 應知睡眠……通善、不善、無記性故。⑯
《順正理論》	令心昧略，惛沈相應，不能持身，是為眠相。眠雖亦有惛不相應，此唯辯纏故作是說。於此頓說眠三相者，此三與眠義相順故。解字義者作是釋言：眠謂於身能為滋潤，即是有力能長養身。由心安眠，身增益故，此善等別略有四種，謂善、不善、有覆、

⑩ 《阿毘達磨大毘婆沙論》卷37：「睡眠者，顯此但與意識相應；惛微轉者，顯異覺時及無心定；心昧略性者，顯此自性是心所法。」（CBETA, T27, no. 1545, p. 192a3-5）
⑪ 《阿毘達磨大毘婆沙論》卷48，CBETA, T27, no. 1545, p. 249b18-19。
⑫ 《雜阿毘曇心論》卷2，CBETA, T28, no. 1552, p. 882a19-20。
⑬ 《入阿毘達磨論》卷1，CBETA, T28, no. 1554, p. 984b8-9。
⑭ 《阿毘達磨俱舍論》卷21，CBETA, T29, no. 1558, p. 109b26-27。
⑮ 《阿毘達磨俱舍論》卷4，CBETA, T29, no. 1558, p. 20a21-22。
⑯ 《阿毘達磨俱舍論》卷4，CBETA, T29, no. 1558, p. 20c11-13。

	無覆。⑪ 復有此餘不定心所：惡作、睡眠、尋、伺等類，總說名為不定地法。⑱

《雜阿毘曇心輪》謂「眠名身心昏昧」，《入阿毘達磨論》謂「身心相續，令心昧略」、《俱舍論》謂「眠謂令心昧略為性，無有功力執持於身」、《順正理論》謂「令心昧略，惛沈相應，不能持身，是為眠相」。由此可見，有部雖然主張「睡眠」是心理現象（心所法），但同時也沒有忽略「睡眠」在生理層面的意義，注意到身、心之間的相互關係，如《順正理論》提到「由心安眠，身增益故」。

（三）瑜伽行派

瑜伽行派亦主張「睡眠」為「心所法」，存在於欲界的一切善、不善、無記中，如《瑜伽師地論》所言「睡眠、惡作與一切善、不善、無記相應」。⑲《瑜伽師地論》及後來的注釋文獻，對「睡眠」的定義如下：

《瑜伽師地論》	睡眠者，謂心極昧略。⑳
《集論》	何等睡眠？謂依睡眠因緣，是愚癡分，心略為體；或善，或不善，或無記；或時，或非時；或應爾，或不應爾；越失可作所依為業。㉑

---

⑪ 《阿毘達磨順正理論》卷 54，CBETA, T29, no. 1562, p. 646a13-18。
⑱ 《阿毘達磨順正理論》卷 11，CBETA, T29, no. 1562, p. 392a16-18。
⑲ 《瑜伽師地論》卷 55，CBETA, T30, no. 1579, p. 604a27-28。
⑳ 《瑜伽師地論》卷 11，CBETA, T30, no. 1579, p. 329b22。
㉑ 《大乘阿毘達磨集論》卷 1，CBETA, T31, no. 1605, p. 665b17-19。

《顯揚聖教論》	睡眠者,謂略攝於心、不自在轉為體,能障毘鉢舍那為業,乃至增長睡眠為業,如經說貪著睡眠味如大魚所吞。⓬
《大乘五蘊論》	云何睡眠?謂不自在轉、心極昧略為性。⓭
《成唯識論》	眠謂睡眠,令身不自在、昧略為性,障觀為業。謂睡眠位,身不自在,心極闇劣,一門轉故;昧簡在定;略別寤時,令顯睡眠非無體用,有無心位,假立此名。⓮

由《瑜伽師地論》「心極昧略」、《集論》「心略為體」,可知「睡眠」的定義局限於心裡層面(心所法)。然而,其定義由《顯揚聖教論》開始有些不一樣,所謂「略攝於心、不自在轉為體」,《大乘五蘊論》作「不自在轉、心極昧略為性」。其中的「不自在轉」,是指身體的不自在,正如《成唯識論》所解釋「身不自在,心極闇劣」。換言之,《顯揚聖教論》、《大乘五蘊論》、《成唯識論》注意到「睡眠」是關聯到身、心兩個層面的現象,即:內心闇昧的同時,身體也不自在。另外,依據《顯揚聖教論》睡眠以「能障毘鉢舍那為業」,《成唯識論》作「障觀為業」,可見睡眠之所以為「蓋」的原因在於障礙「觀」(vipaśyanā)的進行。

二、色法、心所法與「除睡眠」

由上可見,各部派對於「睡眠」(middha)的定義和歸類

⓬ 《顯揚聖教論》卷 1,CBETA, T31, no. 1602, p. 483a11-13。
⓭ 《大乘五蘊論》卷 1,CBETA, T31, no. 1612, p. 849b26-27。
⓮ 《成唯識論》卷 7,CBETA, T31, no. 1585, p. 35c14-18。

有些差異。除了無畏山派主張「睡眠色」之外，其餘部派皆認為「睡眠」屬於「心所法」。在「心所法」當中，上座部（大寺派）又將「睡眠」歸類為「不善心所」，而有部與瑜伽行派則將之歸類為「不定心所」，簡要如下：

部派 法	上座部		說一切有部	瑜伽行派
	大寺派	無畏山派		
睡眠	不善心所	色法	不定心所	不定心所

　　值得注意的是，如果把任何「睡眠」都視為「不善心所」的話，可能會產生一些問題，如：1. 佛陀、阿羅漢已斷煩惱，但在日常生活中還是會「睡眠」，豈能說它與不善心相應呢？2. 一般人基本所需的睡眠或因勞累所致的睡眠，有恢復精神和體力的作用，豈能算不善或罪惡呢？針對此問題，各部派提出不同的說法，而且與何種「睡眠」該「除」、何種「睡眠」不該「除」有很大關係。

　　首先，說一切有部及瑜伽行派主張並非所有的「睡眠」都與不善相應。「睡眠」在特定情況下非但不屬於「不善心所」，甚至可以與「善」或「無記」相應而起。❿因此，這兩個部派將「睡眠」歸為「不定心所」，主張「睡眠」存於欲界一切善、不善、無記中。從「除睡眠」的角度而言，何者該被斷除呢？顯然，與不善心相應的「睡眠」應「除」，但與善心、無記心

---

❿ Rupert Gethin, "Body, Mind and Sleepiness: On the Abhidharma understanding of *styāna* and *middha*," p. 228.

相應的「睡眠」則無須「斷」。

　　此外，上座部無畏山派提出非善亦非惡的「睡眠色」，然而遭受大寺派的反駁。大寺派指出，根據聖典的意思，「睡眠」確實是一種需要被去除的「蓋」，因此必定屬於心理層面的煩惱，不應該屬於「色法」。❿無畏山派卻反問道：「如果是這樣的話，佛本身也睡眠，難道說佛也起煩惱蓋嗎？」大寺派給予的回答是：「佛的睡眠不是來自於睡眠蓋（middha），而是因為身體的勞累（sarīragilāna）或身體的虛弱（karajakāyassa dubbalabhāvo）。」❿由此看來，大寺派其實也承認生理層面（色法）的睡眠，只是用語有別於無畏山派而已。大寺派主張的「睡眠是不善心所」，應該只限於做為五蓋來說明的睡眠。❿在修習禪定與觀智的過程中，若睡眠蓋生起，心就無法專注於止觀的所緣，如《清淨道論》所言：

---

❿ 巴利佛教主張有 28 種色法，即 4 大種色，及 24 種所造色。《清淨道論》指出：其他注釋書在上述 28 種色之外，還提出〔一〕力色（bala-rūpa）、〔二〕發生色（sambhava-rūpa）、〔三〕生色（jāti-rūpa）、〔四〕病色（roga-rūpa）。有者〔無畏山派〕還提出〔五〕眠色（middha-rūpa）。漢譯《解脫道論》則提出 30 色，多了「生色」及「睡眠色」。然，《清淨道論》卻不承認這些說法，主張「眠」屬於五蓋中的「睡眠蓋」，是「心所法」而非「色法」；「病色」則包攝於（色）性及無常性中；「生色」則包攝於積集和相續中；「成色」則包色攝於水界中；「力色」則包攝於風界中，所以它們無法成為獨立存在的法。（參水野弘元，《巴利論書研究》，頁 478）

❿ Rupert Gethin, "Body, Mind and Sleepiness: On the Abhidharma understanding of *styāna* and *middha*," p. 233-232.

❿ 水野弘元，《パーリ仏教を中心とした仏教の心識論》，頁 583。

> 此中由於捨斷愛欲、瞋恚、惛沉睡眠、掉舉惡作、
> 疑等五蓋,當知為「捨離五支」。如果未能捨斷此
> 等,則禪那不得生起,故說此等為禪的捨斷支。雖
> 在得禪的剎那,其他的不善法亦應捨斷,但此等法
> 是禪的特別障礙。……為惛沉睡眠所征服則心不適
> 於作業。……因此等為特殊的禪障,故說捨斷支。❿

「睡眠」等五蓋是禪定的特別障礙,故應捨斷之。換個角度
而言,如果一個人不是處於修習禪定的狀態,「睡眠」就不
一定是障礙,可能還帶來一些助益,如《順正理論》所言
「眠謂於身能為滋潤,即是有力能長養身,由心安眠身增益
故」。❿這種「睡眠」可以適當地保留。因此,為了證得禪
定及觀慧必須捨斷「睡眠蓋」;為了恢復精神和體力,人體
基本所需的「睡眠」則不完全要捨斷。

　　另一方面,無畏山派雖然提出「睡眠色」,事實上也不
否認心理層面的睡眠,如《解脫道論》把「睡眠」分為三種
類:

> 眠有三種:一從食生、二從時節生、三從心生。若
> 從心生,以思惟斷。若從飲食及時節生,是羅漢
> 眠,不從心生,無所蓋故。若眠從食及時節生者,

---

❿ 覺音,《清淨道論》,頁 146。
❿ 《阿毘達磨順正理論》卷 54,CBETA, T29, no. 1562, p. 646a16-17。

以精進能斷。❸

「從食生」是指攝取食物而引起的睡眠，如油膩及不新鮮的食物容易引發睡眠（相反地，喝咖啡能刺激精神，讓某些人無法睡眠）。「從時節生」是指根據一定的時間生起的睡眠，如身體到了夜晚自然要睡眠。❸「從心生」的睡眠則是由內心的狀態如「睡眠蓋」所引發。顯然，「從食生」與「從時節生」的睡眠，與內心的煩惱無關，連阿羅漢都會生起，可以通過精進努力來控制❸，但不必斷除。「從心生」的睡眠由「睡眠蓋」而生，可以通過「思維」斷除。此「思維」應指初禪的「尋」（vitakka），有對治睡眠蓋的作用。❸

　　綜上所述，上座部（大寺派及無畏山派）、有部與瑜伽行派都企圖說明有些「睡眠」必須斷除，但有些「睡眠」則不必。其中，必須斷除的「睡眠」，是有部、瑜伽行派所謂「與不善心相應的睡眠」、大寺派「來自睡眠蓋的睡眠」、無畏山派「從心生的睡眠色」；允許存在或在控制範圍內的「睡眠」，是有部及瑜伽行派所謂「與善或無記心相應的睡眠」（如佛與阿羅漢的睡眠）、大寺派「因為身體的勞累（sarīragilāna）或身體

---

❸ 《解脫道論》卷 4，CBETA, T32, no. 1648, p. 416, b10-13。

❸ 林隆嗣，〈無畏山派的色法與睡眠色〉，頁 178。

❸ 引文中的「斷」可以指「永斷」，亦可表示「中斷」或「對治」。林氏取後者，對於食生與時節生眠之「以精進能斷」，解釋為「藉由精進努力來控制」，筆者從之。參林隆嗣，〈無畏山派的色法與睡眠色〉，頁 178。

❸ 同上。

的虛弱（karajakāyassa dubbalabhāvo）而生起的睡眠」（如人
體基本所需之睡眠、佛允許的中夜睡眠）、無畏山派「從食生
或從時節生的睡眠色」（如食用油膩或不新鮮的食物後，容易
打瞌睡）。由此反觀《般舟三昧經》「除睡眠」等詞，所應「除」
者，無疑是由「睡眠蓋」而起的「睡眠」，因為它是「與不善
心相應的睡眠」（心理層面＝心所法），會障礙「三昧」與「空
慧」的證得；不應「除」者，是色身基本所需的「睡眠」（生
理層面＝色法）。

第四節　小結

　　對於《般舟三昧經》中多處出現「除睡眠」、「除睡臥」、
「却睡臥」、「棄於睡眠」、「不得臥出」等詞，後人普遍認
為這些詞指的是禁止睡眠，晝夜六時（包括中夜）都「不睡
眠」。但這樣的解讀不符合早期佛教經論「初夜後夜，離於睡
眠」，「中夜」則可以適當睡眠的修行原則。

　　通過 Harrison 英譯本《般舟三昧經》可知，「除睡眠」等
詞可從兩個層面解讀：不得睡眠（ought not to sleep），以及
去除睡意（eliminate sleepiness），而「睡意」可說相當於「睡
眠蓋」。這樣的解讀從漢譯諸本的比對中獲得支持。

　　從現存諸漢譯本《般舟三昧經》比對的結果，初步確定
《般舟三昧經》的「除睡眠」等詞所表達的並非去除生理上的
睡眠（sleep），而是去除內心的煩惱——「睡眠蓋」。這也

才符合《般舟三昧經・行品》一開始就提到的「棄蓋習禪」，以及《賢護分・思惟品》中「滅除諸蓋」的文脈，因為「睡眠蓋」是妨礙禪定的其中一項要素。此推論在藏譯本獲得進一步肯定，即漢譯《般舟三昧經》中「除睡眠」、「不得臥出」、「除睡臥」、「却睡臥」指的是「去除惛沈睡眠蓋」或「去除睡眠蓋」。

考究「除睡眠」、「不得臥出」、「除睡臥」、「却睡臥」在其他漢譯經典的定義，得到以下結果：

1. 在培育「正念、三昧、慧觀」的經典脈絡中，「除睡眠」意指「除睡眠蓋」。

2. 古德指出「不得臥出」、「未嘗睡眠」意為「去除睡眠蓋」。

3. 從《般舟三昧經》與《十住毘婆沙論》之比對可知，「卻睡臥」指的是「除睡眠蓋」。

4. 在「五蓋」的文脈底下，「睡眠」、「睡臥」、「睡眠蓋」、「惛沈睡眠」、「惛沈睡眠蓋」，名異義同。

追溯至各部派對「睡眠」的定義與分類，各部派之間雖有差異，但可以看出上座部（大寺派及無畏山派）、說一切有部、瑜伽行派皆認為有些「睡眠」必須斷除，有些「睡眠」則可以保留。應該被「除」的，是偏向心裡層面的「睡眠蓋」或由「睡眠蓋」引生的睡眠，因為它們是禪定、慧觀的特別障礙（與不善心相應）。不應該被「斷」的，則是偏向生理層面的睡眠，即：1. 佛與阿羅漢的睡眠，非由煩惱染污而起（與無記相應）；2. 人體基本所需的睡眠，或因勞累、虛弱而生起的睡眠，因為

它們有滋潤身體、恢復精神與體力的正面作用（與善相應）。

　　反觀《般舟三昧經》，它一部著重於「三昧」及「空觀」的經典。因此，經中多處出現的「除睡眠」、「不得臥出」、「除睡臥」、「却睡臥」必然指向「去除睡眠蓋」，而不是禁止生理基本所需的「睡眠」。時時刻刻如法地精進修行，而在合適的時間（中夜）獲取適當的睡眠並不妨礙定慧之成就。唯有如是解讀這些詞，才更符合《般舟三昧經》的原意，前後文脈也能夠一致。

第四章 《般舟三昧經》「除睡眠」與「頭陀」的關係

　　上一章通過文獻比對的結果顯示：出現於《般舟三昧經》的「除睡眠」等詞指的是「去除睡眠蓋」，而非「不睡眠」。經中所謂的「不睡眠」其實只局限於「白天、初夜、後夜」，而「中夜」是可以睡眠的，只不過睡眠時必須保持正念或作光明想。

　　然而，釋惠敏（2012）在〈佛教禪修之對治「睡眠蓋」傳統〉提出兩種對治「睡眠蓋」的傳統：1. 如《瑜伽論・聲聞地》所說的「初夜、後夜覺寤瑜伽」，晝間、初夜、後夜通過經行等方法去除「睡眠蓋」，中夜（10pm－2am）可以右脅而臥，正念正知地養息。**此是一般修行者常用的方法；**2. 如《佛說十二頭陀經》所言，連「中夜」也「脅不著席」的傳統，**屬於頭陀苦行的修法。**❶如此看來，上一章通過文獻考究的結果，似乎說明《般舟三昧經》的修法屬於第一種禪修傳統。但是，或許有人會不同意，認為《般舟三昧經》之實踐，特別是後來流行的「九十日常行不眠、不坐不臥」的方法，應當屬於連「中夜」也「脅不著席」的頭陀傳統才對。這，是有可能的，如陳漢洲（2004）在《般舟三昧念佛法門及其傳播》就提到《般舟三昧經》是以「般若」為核心，以「頭

---

❶ 釋惠敏，〈佛教禪修之對治「睡眠蓋」傳統〉，頁 181-212。

陀」為行法的觀點。❷另外，《十住毘婆沙論‧念佛品》也確實記載著：「跋陀婆羅是在家菩薩，能行頭陀，佛為是菩薩說《般舟三昧經》。」❸

　　如果《般舟三昧經》確實以「頭陀」為行法，「般舟三昧」之實踐必然屬於「脇不著席」的傳統。可是，細讀支婁迦讖所譯的《般舟三昧經》，其中卻沒有出現「頭陀」或「苦行」這兩個詞，更也看不到「頭陀十二支」（dvādaśa-dhutāṅgaḥ）的內容，甚至沒有提到跋陀和能行「頭陀」，何以《十住毘婆沙論》及後來的學者皆認為《般舟三昧經》是以「頭陀」為行法呢？另外，跋陀和身為一位在家居士，又如何能夠修持種種「頭陀」苦行呢？釋惠敏（2012）所謂的連「中夜」也「脇不著席」的頭陀傳統，是否等於連「中夜」都「不睡眠」，抑或不以躺臥的姿勢「睡眠」？

　　為了解決這些問題，本章先釐清《般舟三昧經》與「頭陀苦行」之關係，接著從「頭陀苦行」的角度檢視「除睡眠」之實踐，釐清「脇不著席」在「頭陀行」的定義。

---

❷ 陳漢洲，《般舟三昧念佛法門及其傳播》，頁 27。
❸ 《十住毘婆沙論》卷 9，CBETA, T26, no. 1521, p. 68c16-18。

第一節 當機眾Bhadrapāla與「頭陀」的關係

一、Bhadrapāla之不同譯名

依據支婁迦讖所譯的《般舟三昧經》，其當機者名為「颰陀和」；在《拔陂菩薩經》則為「拔陂」❹；在《大方等大集經賢護分》則是「賢護」。此當機眾，《大智度論》記載為「颰陀婆羅菩薩（秦言善守）」❺，而《十住毘婆沙論》則記載為「跋陀婆羅」❻。儘管漢譯有多種，但其實都是指同一個人。依據Lanchaster（1979）在《高麗藏目錄》所提供的資料，《般舟三昧經》、《拔陂菩薩經》及《賢護分》的梵語經題皆為 *Bhadrapālasūtra*。❼由此可知，「颰陀和」、「拔陂」、「跋陀」、「拔陀」、「颰陀婆羅」、「跋陀婆羅」、「善守」與「賢護」，皆相當於同一個梵語名詞——Bhadrapāla。梵語 Bhadra 有「賢、仁賢、善良」的意思，而 pāla 則有「守護、保護」的意思。因此，「善守」與「賢護」可謂梵語 Bhadrapāla 的意譯，其餘皆為音譯。綜上所述：

---

❹ 《拔陂菩薩經》在法經所撰《眾經目錄》中，另有兩個名字：《跋陀菩薩經》、《拔陀菩薩經》，在《開元釋教錄》另有一名為《拔波菩薩經》。「拔陂」、「跋陀」、「拔陀」、「拔波」，字異而音同，實指同一人。見《眾經目錄》卷1，CBETA, T55, no. 2146, p. 120a24、193b22、159c1；《開元釋教錄》卷11，CBETA, T55, no. 2154, p. 589a2。

❺ 《大智度論》卷7，CBETA, T25, no. 1509, p. 110c21。

❻ 《十住毘婆沙論》卷9，CBETA, T26, no. 1521, p. 68c16。

❼ Lewis R. Lancaster, *The Korean Buddhist Canon: A Descriptive Catalogue*, pp. 38-40.

經名	當機眾（Bhadrapāla）	《大正藏》經號
《般舟三昧經》三卷	颰陀和	T13, no. 418
《般舟三昧經》一卷	颰陀和	T13, no. 417
《拔陂菩薩經》	拔陂	T13, no. 419
《大方等大集經賢護分》	賢護	T13, no. 416
《大智度論》	颰陀婆羅、善守	T25, no. 1509
《十住毘婆沙論》	跋陀婆羅	T26, no. 1521

二、跋陀和之「頭陀」功德

　　颰陀和為王舍城的長者，《般舟三昧經》就是因他的啟問而說的。颰陀和是當時的上首優婆塞，白衣菩薩中最大，受持五戒，具足威儀，久住無上菩提之行，因其本願力故而常隨佛學，樂聞正法，恆懃精進。❽此外，颰陀和具有無量功德，依據漢譯諸本分別為：

異譯本	平行經文
T.418 《般舟三昧經》	前世過去佛時所聞地行作功德，供養若干佛，樂於經中，作道行，守禁戒所，自守法，行清白，不煩濁，輒以乞匃自食，多成就諸菩薩合會，教語諸菩薩，極大慈哀，一切人民皆於等心，隨時欲見佛即見佛，所

---

❽ 《大方等大集經賢護分》卷 1：「爾時，王舍大城有優婆塞名曰賢護，為眾上首，亦與五百優婆塞俱，受持五戒、具足威儀，是大菩薩，久已住於阿耨多羅三藐三菩提行；本願力故，常隨世尊、樂聞正法；恒懃精進，為滿一切助道法故。」（CBETA, T13, no. 416, p. 872a29-b6）；另外，根據《大智度論》的記載：「善守菩薩是王舍城舊人，白衣菩薩中最大。……復次，是善守菩薩，無量種種功德，如《般舟三昧》中，佛自現前讚其功德。」（CBETA, T25, no. 1509, p. 111a15-19）

	願極廣大，甚深之行，常念佛智慧，悉持經戒，悉具足佛種聖心如金剛，悉知世間人民心所念，悉在諸佛前……，功德以不可復計。❾
T.417 《般舟三昧經》	汝乃前世過去佛時，所作功德，供養諸佛，樂於經法，守禁戒行清淨，常行乞食，不就請，多成就諸菩薩合會，教語令棄眾惡，視一切悉平等，常有大慈大悲。汝功德不可復計。❿
T.419 《拔陂菩薩經》	於過去佛已施眾善福，已待遇眾佛，坐法義座，願法無所願援，奉受梵行，〔喜具戒〕，少欲約，可於無食，起諸菩薩，常勸成菩薩，常願尊菩薩，常願菩薩意大，願菩薩盛，願菩薩得。其所求常慈有大，依一切等心，於人制意度無極，見佛，常度理如來語求佛意，譬如和夷鐵無稱量，悉人意所常善知，覺於面行，是汝德。⓫
T.416 《賢護分》	已曾供養無量諸佛，種諸善根，聽聞正法，受持正法，愛樂正法，敬重正法。汝今但以摩訶迦葉教化行故，少欲知足，恒樂閑靜阿蘭若處，或居塚間，或在樹下，亦露地坐，常坐不臥，一敷不移⓬，受乞食法，一食不再，或一坐食，或唯一摶，唯畜三衣，及糞掃衣，讚歎頭陀，勸請諸菩薩，教菩薩行法，……於汝功德中未說少分也。⓭

有關跂陀和的種種功德，T.418、T.417 及 T.419 沒有明顯提到「頭陀」這一名詞。然而，T.416 卻清楚提到十二頭陀功德，包括：1. 阿蘭若處住、2. 居塚間、3. 樹下、4. 露地坐、5. 常坐不臥、6. 一敷不移（隨處住）、7. 受乞食法、8. 一食不再、

---

❾ 《般舟三昧經》卷 1，CBETA, T13, no. 418, p. 904b6-16。

❿ 《般舟三昧經》，CBETA, T13, no. 417, p. 898a28-b3。

⓫ 《拔陂菩薩經》，CBETA, T13, no. 419, p. 921b1-9。

⓬ 覺音，《清淨道論》：「（十二）任何已敷的，即如所敷而住，這與最初指定床座「這是屬於你受用的」是一個意義。有如其所敷（的床座）而住的習慣者為『隨處住者』，他的支分為『隨處住支』。」（頁 59）

⓭ 《大方等大集經賢護分》卷 1，CBETA, T13, no. 416, p. 874b26-c11。

9. 一坐食、10. 唯一摶食、11. 唯畜三衣、12. 糞掃衣。將四部漢譯本比對之下可以發現 T.418、T.417、T.419 分別提到的「乞匈自食」、「常行乞食，不就請」及「可於無食」，僅相當於 T.416 之「受乞食法」一支。

顯然，現存四個漢譯本之中，T.418、T.417 及 T.419 對於跋陀和的功德，並沒有記載「頭陀」這一項。唯獨最後一部漢譯本 T.416 提到跋陀和具備了「十二頭陀」之功德，而且是由「頭陀第一」的摩訶迦葉直接傳授給他。然而，依據《清淨道論》的記載，居士只能受持兩支頭陀（一坐食與一鉢食），何以在《賢護分》卻說跋陀和能夠具足十二支頭陀呢？有關這一點，是無法以現代的在家居士生活形態獲得解答的。唯有回到古印度佛世的時代脈絡，了解當時的宗教思想與社會結構才能釐清。它與《奧義書》（Upaniṣad）及《經書》（Dharmasūtra）將人生分為四個階段（āśrama）有關。

三、從「人生分期」（āśrama）看跋陀和之「頭陀」行

（一）古印度的思想發展概述

回到古印度的宗教歷史脈絡，當雅利安人（āryan）入侵印度，並在旁遮普（Punjāb）地方定居後，成立了以《梨俱吠陀》（Ṛg-veda）為中心的宗教（西元前一千二百年左右）。接著，於西元前一千年左右，依序成立了《沙摩吠陀》（Sāma-veda）、《夜柔吠陀》（Yajur-veda）、《阿達婆吠陀》（Atharva-veda）。❶前三吠陀用於供養神明時，由司祭婆羅

門所誦出之讚歌；《阿達婆吠陀》（*Atharva-veda*）則集合了無關祭祀之各種咒術。❶接著，於西元前八百年左右完成的《梵書》（*Brāhmaṇa*），針對四吠陀中的祭祀方法、讚詞加以說明。❶這時期的教義，不離婆羅門教三綱：「吠陀天啟」、「婆羅門至上」、「祭祀萬能」。❶

　　到了西元前五百年左右，《奧義書》集出，此書在「祭祀生天」的論說基礎上，主張以「自我解脫」為人生終極目標，提出「真心梵我論」及「業感輪迴說」。由於《奧義書》重視真我（ātman）的智識，「祭祀」不再「萬能」，而《吠陀》遂為名目的學問，與真我無關。由此可見《奧義書》隱約蘊涵著反《吠陀》的傾向。同時，《奧義書》的思想實由剎帝利主導，婆羅門只是附和之，因此「婆羅門」不再「至上」，其地位受到影響。❶婆羅門教為了維持其傳統地位，鞏固其對民眾的影響力，於是將其尊崇的祭祀儀軌，與社會制度（四姓的義務）作有系統的結合，並讓此儀軌制度深入每個家庭，進而影響每個人的日常生活，於是集出《經書》（西元前六〇〇－二〇〇年）。通過這份努力，婆羅門教在印度一直穩居正統的地位。❶

---

❶ 平川彰，《印度佛教史》，頁 34-35。
❶ 呂澂，《印度佛教史略》，頁 2-3。
❶ 平川彰，《印度佛教史》，頁 34-35。
❶ 釋印順，《印度佛教思想史》，頁 1-2。
❶ 同上，頁 2-3。
❶ 莊春江，《印度佛教思想史概說》，頁 16-18。

（二）人生分期制度

值得注意的是，《奧義書》建立了一套「人生分期」的制度。此制度專為婆羅門而制定，將其人生分為四期：

期	人生分期（āśrama）	年齡	特徵
1	梵行期（Brahmacarya）	8－24 歲	幼年時期必須向婆羅門老師學習《吠陀》、祭祀及鍛鍊身心。
2	家住期（Gṛhastha）	24－48 歲	成家立業，祭祀祖先與神明成為這個階段的主要宗教生活。
3	林棲期（Vanaprastha）	48－72 歲	到了「退休」年齡，將事業與財產交託於孩子們，自己到森林中過「隱居」的生活。此時主要的宗教生活在於修苦行，以鍛鍊身心，並思惟人生哲理。值得注意的是，在這個階段的人，可以獨身或和妻子一同隱居於森林，因此仍屬在家身分。
4	遁世期（Sannyāsa）	72 歲後	捨離世間，「出家」而進入非家的生活。這個階段的人捨棄一切的財產，剃髮，穿薄衣，受五戒（不殺、不盜、不妄、忍耐、離欲），乞食，住樹下，夏季雨期時才定居一處。進入此階段的人被稱為「比丘」、「行者」、「遊行者」、「沙門」等等。

上述制度，本為婆羅門而設。但是到了《經書》時代，它已擴充至婆羅門、剎帝利、吠舍，這三個被稱為「再生族」的種姓。❷⓿甚至到了佛世，首陀羅（一生族）亦被允許出家修行，進入「遁世」的生活。此外，年齡亦無所限制，而且不必完

---

❷⓿ 莊春江，《印度佛教思想史概說》，頁 24-26。

全經歷四個階段，如佛子羅睺羅童年出家即是。

　　針對「跋陀和如何以在家居士身分，實踐頭陀行」這一問題，從上述「四期人生」可以得到一些解答。跋陀和應當處於「林棲期」或「遁世期」，因為這兩期的特色就是「苦行」與「捨離世俗」。❷無論如何，進入「遁世期」的人已經完全捨離世俗與家庭，不再是白衣居士身分，稱謂上可以是「比丘」、「行者」、「遊行者」或「沙門」。然而，《拔陂菩薩經》與《賢護分》皆記載著跋陀和是身受五戒的白衣菩薩（優婆塞）❷，由此可以推斷跋陀和是身處「林棲期」的在家居士。由上述表格可以看出，處於「林棲期」之人雖為在家居士，卻在深林中修苦行，鍛鍊身心，並思惟人生哲理。他們所修的苦行是非常嚴苛的。❷

　　從《奧義書》與《經書》所記載的「人生分期」，便可理解跋陀和身為在家居士，為何能夠實踐「頭陀行」的問題。

---

❷ Rama S. Tripathi, *History of Ancient India,* pp. 59-60.
❷ 《拔陂菩薩經》：「拔陂菩薩，與五百菩薩俱，皆白衣身受五戒。」（CBETA, T13, no. 419, p. 920a11-12）。《大方等大集經賢護分》卷1：「王舍大城有優婆塞名曰賢護，為眾上首，亦與五百優婆塞俱，受持五戒，具足威儀，是大菩薩。」（CBETA, T13, no. 416, p. 872a29-b2）
❷ Mansukh G. Bhagat, *Ancient Indian Asceticism*, p. 44.

第二節　《般舟三昧經》諸譯本
與「頭陀」的關係

　　有關「頭陀」的實踐與內涵，在後漢支婁迦讖譯出的《般舟三昧經》一卷本與三卷本、失譯的《拔陂菩薩經》並沒有明顯的記載，甚至在這三部譯本中看不到「頭陀」與「苦行」的字眼。只有到了隋代闍那崛多所譯出的《賢護分》，「頭陀」與「苦行」兩個詞才出現，而且頭陀的項目明確地被列出，共有十二支。依據《清淨道論》而言，「頭陀」則有十三支，分別是：1. 糞掃衣支、2. 三衣支、3. 常乞食支、4. 次第乞食支、5. 一座食支、6. 一鉢食支、7. 時後不食支、8. 阿練若住支、9. 樹下住支、10. 露地住支、11. 塚間住支、12. 隨處住支、13. 常坐不臥支。以下將逐一探討《般舟三昧經》現存四部譯本有關「頭陀」的文脈。

一、三卷本《般舟三昧經》（T.418）

　　三卷本《般舟三昧經》有六處提到「頭陀」相關的項目，簡要列出如下：

項	品	T.418
1	問事品	自守法，行清白，不煩濁，輒以乞匃自食。❷❹
2	四輩品	是菩薩比丘，欲學是三昧者，清淨持戒，……<u>常當樂獨處止</u>，不惜身命，不得悕望人所索，<u>常行乞食，不受請</u>。❷❺

❷❹ 《般舟三昧經》卷 1，CBETA, T13, no. 418, p. 904b9-10。
❷❺ 《般舟三昧經》卷 2，CBETA, T13, no. 418, p. 909b26-c13。

3	四輩品	如我今所說法，悉受學獨處止； 行功德自守節，是三昧不難得。 常乞食不受請，悉棄捨諸欲樂； …… 比丘求斯三昧，隨佛教當如是。❷⑥
4	授決品	欲獲安隱布經戒，比丘受學在閑居； 常行分衛知止足，逮是三昧終不難。 捨離眾鬧不受請，口莫貪味棄愛欲；❷⑦
5	無想品	若有菩薩學誦是三昧者，有十事於其中立。……五者、常行乞食，不受請……。❷⑧
6	無想品	比丘學是常分衛，不行就請及聚會； 心無所著不畜積，如是行者得三昧。❷⑨

從上述表格可以發現，T.418 有關頭陀支的記載，分別出現於〈問事品〉、〈四輩品〉、〈授決品〉與〈無想品〉。經中所謂「分衛」，乃「乞食」之同義詞，而「常行分衛」指的就是「常乞食」。另外，「獨止處」、「在閑居」則相等於「阿蘭若處住」，如慧遠《大乘義章》所言：「阿蘭若者，此翻名為空閑處也。」❸⓪整體而言，記載於 T.418 只有三支頭陀：常乞食、不受請、阿蘭若處住。

二、一卷本《般舟三昧經》（T.417）

依據 Harrison（1990）的研究，T.417 並非獨立的異譯本，

---

❷⑥ 《般舟三昧經》卷 2，CBETA, T13, no. 418, p. 910a3-14。

❷⑦ 同上，CBETA, T13, no. 418, p. 912a23-26。

❷⑧ 《般舟三昧經》卷 3，CBETA, T13, no. 418, p. 916b26-c5。

❷⑨ 同上，CBETA, T13, no. 418, p. 916c22-24。

❸⓪ 《大乘義章》卷 15，CBETA, T44, no. 1851, p. 765b2。

是後人將 T.418 加以「濃縮」的校訂本。❸因此，其內容基本上和 T.418 一致，各品的題名也一致。然而，T.417 的某些用詞與 T.418 有所差異，如「涅槃」、「總持」就不像是後漢（支婁迦讖）所譯，反而近於晉代（265－420）的譯品。❸ T.417 只有八品，缺了 T.418 的〈授決品〉與〈無想品〉。因此在 T.417，有關頭陀行的項目，僅記載於〈問事品〉與〈四輩品〉：

項	品	T.417
7	問事品	佛告颰陀和……汝乃前世過去佛時，所作功德，供養諸佛，樂於經法，守禁戒行清淨所致，<u>常行乞食不就請</u>，……汝功德不可復計。❸
8	四輩品	棄愛欲作比丘，欲學是三昧者，當清淨持戒，……常當至誠，常樂<u>獨處止</u>，不惜身命，不得悕望人所索，<u>常行乞食，不受請</u>，自守節度。❸
9	四輩品	如我所說悉受持，常獨處止行功德； 自守節度不聚會，常行乞食不受請； 敬於法師視如佛，除去睡眠志開解； 常自精進無懈怠，如是行者得三昧。❸

經文中的「獨止處」相當於「阿蘭若處住」。可見 T.417 只記載三支頭陀：常乞食、不受請、阿蘭若處住，與 T.418 一致。

---

❸ Paul M. Harrison, *The Samādhi of Direct Encounter with the Buddhas of the Present*, p. 253.

❸ 釋印順，《初期大乘佛教之起源與開展》，頁 840。

❸ 《般舟三昧經》，CBETA, T13, no. 417, p. 898a26-b3。

❸ 同上，CBETA, T13, no. 417, pp. 900c19-901a4。

❸ 同上，CBETA, T13, no. 417, p. 901a11-14。

三、《拔陂菩薩經》（T.419）

另外，T.419 的篇幅極短，且不分品目，僅相當於《般舟三昧經》前四品的翻譯。❸從中很難看出有關「頭陀行」的記載，除了兩處：

項	T.419
10	佛便謂拔陂菩薩言：「……〔汝〕於過去佛已施眾善福，已待遇眾佛，坐法義座，願法無所願援，奉受梵行，少欲約，<u>可於無食</u>，喜具戒，……是汝德。」❸
11	拔陂！若有比丘、比丘尼、優婆塞、優婆夷，於戒常具足，<u>常獨處，不與眾</u>，便起意念言：「阿彌陀佛為在何方常在說法？」如其所聞，便生念在西方……淨心念一日一夜至七日七夜，如是七日七夜畢念，便可見阿彌陀佛。❸

T.419 只提到「可於無食」及「常獨處，不與眾」。論其文脈，「可於無食」勉強可與《般舟三昧經·問事品》的「常乞食」對上，「常獨處，不與眾」則相當於「阿蘭若處住」。

由上述三個漢譯本可見，有關「頭陀」的概念，在 T.419 相當模糊。T.418 與 T.417 也僅僅提到「常乞食」、「不受請」、「阿蘭若處住」三支。單單這三支是否足以構成「標準」的頭陀行？這，仍有商討的餘地，至少「常乞食支」（pindapātikanga）在佛世時代，是每一位比丘每天都要做的

❸ 《開元釋教錄》卷 11：「《拔陂菩薩經》一卷（一名拔波）。《僧祐錄》云：『安公古典經』（是《般舟經》初四品異譯，第五出，今附漢錄）。」（CBETA, T55, no. 2154, p. 589a2-3）
❸ 《拔陂菩薩經》，CBETA, T13, no. 419, p. 921, a27-b9。
❸ 同上，CBETA, T13, no. 419, p. 922a2-16。

事，除非另外有人預先請僧到家中或皇宮接受食物供養。

四、《賢護分》（T.416）

　　若仔細閱讀 T.418、T.417 及 T.419，會發現「苦行」與「頭陀」這些字眼並未出現在這三部譯本中。唯有在闍那崛多於西元五九五年譯出的《賢護分》，「頭陀」與「苦行」等字眼才屢次出現，分別記載於〈思惟品第一〉、〈戒行具足品第七〉、〈饒益品第九〉，簡要列出如下：

項	品	T.416
12	思惟品	賢護！……汝今但以摩訶迦葉教化行故，少欲知足，〔1〕恒樂閑靜阿蘭若處，〔2〕或居塚間，〔3〕或在樹下，〔4〕亦露地坐，〔5〕常坐不臥，〔6〕一敷不移，〔7〕受乞食法，〔8〕一食不再，〔9〕或一坐食，〔10〕或唯一搏，〔11〕唯畜三衣及〔12〕糞掃衣，讚歎頭陀，勸請諸菩薩、教菩薩行法……於汝功德中未說少分也。❸❾
13	戒行具足品	若有出家菩薩取著色（受、想、行、識），……作如是念：「我今如是持戒、如是苦行、如是修學、如是梵行，願我未來得生天上或生人間，自在有生，受諸果報。」賢護！以是因緣，彼出家菩薩成就如是不清淨戒，乃至聖者所不愛戒，是謂為求有故、為有生故、為受果果故、為生處所故。❹❶
14	戒行具足品	諸善男子、善女人輩，發大精進，為聞如是微妙法故，更發如是大誓莊嚴：「願我當得乾渴肌膚、散骨消髓、爐然身心、苦行不息，必欲成就如是妙典，終無暫時懈怠懶惰，……但為攝受諸菩薩故，聽聞如來如是妙典。」❹❶

❸❾ 《大方等大集經賢護分》卷 1，CBETA, T13, no. 416, p. 874b26-c11。
❹❶ 同上，卷 3，CBETA, T13, no. 416, pp. 882c28-883a7。
❹❶ 同上，CBETA, T13, no. 416, p. 883c21-27。

15	戒行具足品	彼出家菩薩念欲說此三昧、思此三昧者，要當先具清淨戒行，乃至成就聖所愛戒，……恒行乞食，不受別請，厭離人間、樂阿蘭若，尊崇聖種、敬事頭陀，息世語言，但論出世，……❷
16	戒行具足品	我毘尼處說木叉，諸比丘學居蘭若； 若能頭陀不捨離，得此三昧定無疑。❸
17	饒益品	是〔般舟〕三昧者，即是佛性，即是法性，即是僧性，即是佛地，是多聞海，是無盡藏頭陀，是無盡藏頭陀功德，是無盡藏諸佛功德，是無盡藏能生深忍，是能生大慈，能生大悲，能生菩提也。❹

由上可見，〈思惟品〉、〈戒行具足品〉、〈饒益品〉分別提到「讚歎頭陀」、「敬事頭陀」、「若能頭陀不捨離」以及「『般舟三昧』是無盡藏頭陀、是無盡藏頭陀功德」。此外，〈戒行具足品〉亦提到菩薩「如是苦行」、發願「苦行不息」。特別重要的是，〈思惟品〉完整地記載了十二支「頭陀行」，為賢護所具有的功德。《十住毘婆沙論》所言：「賢護身為白衣，能行頭陀」，與《賢護分・思惟品》敘述跋陀和具備十二「頭陀」功德的文脈是一致的。何以如此？那是因為《十住毘婆沙論》所依據的《般舟三昧經》，和《賢護分》屬於同一支傳譯系統。❺

　　總而言之，相對於其他三部異譯本，「頭陀」與「苦行」

---

❷ 同上，CBETA, T13, no. 416, p. 883a7-21。

❸ 同上，CBETA, T13, no. 416, p. 885c12-14。

❹ 《大方等大集經賢護分》卷4，CBETA, T13, no. 416, p. 888a20-24。

❺ Paul M. Harrison, *The Samādhi of Direct Encounter with the Buddhas of the Present*, pp. 270-272.

在《賢護分》的分量可說加重了不少,「般舟三昧」與「頭陀」、「苦行」的關係因此顯得更為密切。

五、只有比丘菩薩受持「頭陀」

　　值得注意的是,「頭陀行」在整體的「般舟三昧」修法中,屬於「助道法」,《十住毘婆沙論・助念佛三昧品》將它歸納為「出家六十法」之第二十六法,所謂「住頭陀功德」。❹❻出家法,理應包括比丘和比丘尼二眾,但四部漢譯《般舟三昧經》都只規定「比丘」菩薩應當受持「頭陀」。依據上述表格之 2、3、8、9 項,T.418 與 T.417 之〈四輩品〉規定「比丘」必須實踐「常乞食、不受請、阿蘭若處住」這三支頭陀行,比丘尼、優婆塞、優婆夷則無此規定。T.418〈無想品〉的「偈頌」:「比丘學是常分衛,不行就請及聚會」,也正好證明了這一點(第 6 項)。再看 T.416「如是苦行」及「苦行不息」的文脈,主要也是針對「出家菩薩」而言(第13、14 項);有關「頭陀行」的受持,則是針對「比丘菩薩」而說,如《賢護分・戒行具足品》記載(第 15、16 項):

> 我毘尼處說木叉,諸比丘學居蘭若;
> 若能頭陀不捨離,得此三昧定無疑。❹❼

---

❹❻ 《十住毘婆沙論》卷 12,CBETA, T26, no. 1521, p. 87a25。
❹❼ 《大方等大集經賢護分》卷 3,CBETA, T13, no. 416, p. 885c12-14。

如此看來，比丘尼以及在家弟子（優婆塞、優婆夷），若
要成就「般舟三昧」，不一定要實踐「頭陀行」。這不無道理，
至少依據《清淨道論》的解釋，比丘尼、優婆塞、優婆夷無法
「全分」受持所有的頭陀支。其中，比丘尼無法受持「阿蘭若
住、時後不食、露地住、樹下住、塚間住」五支，而優婆塞、
優婆夷只適合受持「一坐食」和「一鉢食」二支。❹換言之，
「頭陀行」的實踐，雖有利於證得「般舟三昧」，但並非主要
因素。若無法受持，或無法全分受持十二（或十三支）頭陀行，
仍然可以證入「般舟三昧」，如同《大智度論・兩不和合品》
所言：

> 佛所結戒，弟子受持。「十二頭陀」不名為戒，能
> 行則戒莊嚴，不能行不犯戒。譬如「布施」，能行
> 則得福，不能行者無罪，「頭陀」亦如是。❹

可見，「十二頭陀」能莊嚴戒品。若能持戒清淨，卻無法守
持十二頭陀，是無傷大雅的。除此之外，依據《清淨道論》
的分析，「頭陀行」主要適合「貪行人」及「癡行人」所修，
「瞋行人」是不太適合修「頭陀」的。因為「頭陀」屬於一
種「苦行」及「嚴肅的生活」，依「苦行」能對治「貪」，
依「嚴肅的生活」能對治放逸者的「癡」。❺換言之，就算

---

❹ 覺音，《清淨道論》，頁 81。
❹ 《大智度論》卷 68，CBETA, T25, no. 1509, p. 537b28-c2。
❺ 覺音，《清淨道論》，頁 81。

是「比丘」菩薩，也必須依自己的根性修持「頭陀」，否則將會事倍功半。

六、「頭陀」在漢譯諸本的定位

綜上所述，「頭陀」在後漢（179）譯出的三卷本《般舟三昧經》、一卷本《般舟三昧經》，以及失譯《拔陂菩薩經》中，其定位並不明顯。在這三部譯本中看不到「頭陀」、「苦行」或相等譯語，僅僅提到「常乞食」、「不受請」、「阿蘭若處住」。因此，很難說《般舟三昧經》是以「頭陀」為主要行法。

唯有到了隋代（595）譯出的《賢護分》，「頭陀」與「苦行」兩個詞才出現在經文中。此外，《賢護分·思惟品》清楚地列出十二支「頭陀」行，並說賢護菩薩具足了這十二頭陀功德。賢護身為在家居士卻能行「頭陀」，極可能與古印度的「人生分期」有關。他應當處於「林棲期」，以在家身分隱居於深林中修苦行。無論如何，有關「頭陀」的文脈，在《賢護分》也並不多，僅僅出現在〈思惟品第一〉、〈戒行具足品第七〉、〈饒益品第九〉而已。

重要的是，四部漢譯本都只是規定「比丘」菩薩應當實踐「頭陀行」，其他三輩：比丘尼、優婆塞、優婆夷則無此規定。由此可見，要成就「般舟三昧」不一定要實踐「頭陀行」。從這個角度而言，若說：「《般舟三昧經》是以『頭陀』為主要行法」，有欠妥當。若說：「《般舟三昧經》以『戒、定、慧』為主要修行架構，而『頭陀』的加修能莊嚴戒品，亦是助道因緣，但並非證得『般舟三昧』之核心因素」，此說則較為恰當。

第三節　由「頭陀」檢視「除睡眠」之實踐

　　依據四部《阿含》而言,《雜阿含》對於「頭陀支」似乎並沒有詳細說明,但從中可以看出世尊對「頭陀」的重視,如《雜阿含・一一四一經》世尊告訴迦葉:「若有毀呰頭陀法者,則毀於我;若有稱歎頭陀法者,則稱歎我。所以者何?頭陀法者,我所長夜稱譽讚歎。」❺在《增壹阿含》,「十二頭陀」這個名詞確實出現了❺,但「十二支」的內容為何?似乎也沒有多作說明,如《增壹阿含・利養品》所記載:

> 修羅陀比丘大作阿練若行:〔一〕到時乞食,〔二〕一處一坐〔食〕,〔三〕或正中食,〔四〕樹下露坐,〔五〕樂閑居之處,〔六〕著五納衣,〔七〕或持三衣,〔八〕或樂塚間,懃身苦行,行此頭陀。❺

從以上文脈看到的「頭陀行」,只有八支。可見,「頭陀」的內容在早期經典並沒有定義得很清楚。直到後來,不同論

---

❺ 《雜阿含經》卷 41,CBETA, T02, no. 99, p. 301c25-27。

❺ 提及「十二頭陀」的包括:《增壹阿含經・弟子品》,CBETA, T02, no. 125, p. 557b8;《增壹阿含經・地主品》,CBETA, T02, no. 125, p. 612a18-19;《增壹阿含經・十不善品》,CBETA, T02, no. 125, p. 788c27。然而,在這些經典中,並沒有給予每一支頭陀詳細解釋。

❺ 《增壹阿含經・利養品》,CBETA, T02, no. 125, p. 571b2-5。

書及大乘經對於頭陀支的多寡，才有了不同的說法。舉例而
言，《清淨道論》說頭陀十三支，而《佛說頭陀經》與《大
智度論》則說頭陀十二支。在此以《清淨道論》為主，與《賢
護分》、《佛說十二頭陀經》、《大智度論》所說的「頭陀支」
作一比對：

《清淨道論》❺	《賢護分》	《大智度論》❺	《佛說十二頭陀經》❺
（一）糞掃衣支	(12) 糞掃衣	(3) 納衣	(7) 著弊納衣
（二）三衣支	(11) 唯畜三衣	(12) 但三衣	(8) 但三衣
（三）常乞食支	(7) 受乞食法	(2) 常乞食	(2) 常行乞食
（四）次第乞食支	──	(11) 次第乞食	(3) 次第乞食
（五）一座食支	(9) 一坐食	(4) 一坐食	(4) 受一食法
（六）一鉢食支	(10) 唯一搏〔食〕	(5) 節量食	(5) 節量食
（七）時後不食支	(8) 一食不再	(6) 中後不飲漿	(6) 中後不得飲漿
（八）阿練若住支	(1) 樂阿蘭若處	(1) 作阿蘭若	(1) 在阿蘭若處
（九）樹下住支	(3) 或在樹下	(8) 樹下住	(10) 樹下止
（十）露地住支	(4) 亦露地坐	(9) 露地住	(11) 露地坐
（十一）塚間住支	(2) 或居塚間	(7) 塚間住	(9) 塚間住

---

❺ 覺音，《清淨道論》，頁 57-84。

❺ 《大智度論》卷 68：「須菩提！說法者受十二頭陀：一、作阿蘭若，二、
常乞食，三、納衣，四、一坐食，五、節量食，六、中後不飲漿，七、
塚間住，八、樹下住，九、露地住，十、常坐不臥，十一、次第乞食，
十二、但三衣。」（CBETA, T25, no. 1509, p. 537a19-23）

❺ 《佛說十二頭陀經》：「阿蘭若比丘，遠離二著，形心清淨，行頭陀法。
行此法者，有十二事：一者、在阿蘭若處；二者、常行乞食；三者、次
第乞食；四者、受一食法；五者、節量食；六者、中後不得飲漿；七者、
著弊納衣；八者、但三衣；九者、塚間住；十者、樹下止；十一者、露地坐；
十二者、但坐不臥。」（CBETA, T17, no. 783, p. 720c5-10）

（十二）隨處住支	(6) 一敷不移 ❺	——	——
（十三）常坐不臥支	(5) 常坐不臥	(10) 常坐不臥	(12) 但坐不臥

由上述比對中發現，四部文獻中的「頭陀支」基本上是一致的，只在「次第乞食支」及「隨處住支」有些差異。《賢護分》僅僅缺了「次第乞食」一支。

在此，筆者嘗試從「頭陀」的角度，探討《般舟三昧經》「除睡眠」的實踐應當指「不睡眠」、「除睡眠蓋」或其他概念。根據上述十二或十三頭陀支，與「睡眠」有關的唯有「常坐不臥」一支。從姿勢而言，「頭陀」強調的是「常坐」，因此與普遍認為修持「般舟三昧」必須**不坐不睡，或行或立**有所不同。❺最重要的問題是：「頭陀行」的「常坐不臥」一支是否意味著完全「不睡覺」呢？《大智度論》與《佛說十二頭陀經》對於「常坐不臥」的解釋，提供了適當的答案：

> 身四威儀中，「坐」為第一，食易消化，氣息調和。求道者大事未辦，諸煩惱賊常伺其便，不宜安「臥」。若「行」若「立」，則心動難攝，亦不可

---

❺ 覺音，《清淨道論》：「（十二）任何已敷的，即如所敷而住，這與最初指定床座『這是屬於你受用的』是一個意義。有如其所敷（的床座）而住的習慣者為『隨處住者』，他的支分為『隨處住支』。」（頁 59）

❺ 釋星雲，《佛教常識》：「般舟三昧，是一種佛立、常行的修持法，在為期三個月的修行中，<u>不坐不睡，只可立可行</u>，累時靠在繩子上假寐。」（頁 159）

久，故受「常坐」法。若欲睡時，脅不著席。❺❾

採取「常坐不臥」的原因有三：1.「坐」姿能夠幫助消化以及調和氣息；2. 生死大事未了，不易安臥；3.「行」和「立」的過程中，心易動而難收攝❻⓿，而且無法持久。無論如何，依據《清淨道論・說頭陀支品》的解釋，常坐不臥者，並非二十四小時都採用「坐」姿，而是在夜三時（初夜、中夜、後夜）之中，應當有一時起來「經行」。❻❶值得注意的是上述「若欲睡時，脅不著席」這一句話，從中可看出所謂的「常坐不臥」並非「不睡覺」，而是睡眠之時（若欲睡時），不採取躺臥的姿勢（脅不著席）。換言之，頭陀行者可以在「坐」的姿勢中「睡眠」休息。

依據《清淨道論》的記載，以「坐」的姿勢「睡眠」可以分為上、中、下三個等級。**上等**：坐著的時候，不可用任何憑靠的東西，不可用布墊或繃布為蹲坐；**中等**：坐著的時候，可以背部靠著東西，或用布墊、或用繃布為蹲坐，三選一；**下等**：可用憑靠的東西，或以布墊為蹲坐，以及用繃布、枕頭、五肢椅、七肢椅都可。「常坐不臥」有如是三種等級。由此看來，

---

❺❾ 同樣的經文亦出現在《大智度論》卷 68，CBETA, T25, no. 1509, p. 538a27-b2；《佛說十二頭陀經》，CBETA, T17, no. 783, p. 721c2-6。

❻⓿ 《摩訶止觀》卷9：「若般舟亦發根本〔定〕而少，常坐等則多。」（CBETA, T46, no. 1911, p. 118b20-21）由此可見，常行的般舟三昧比較難入根本四禪，常坐者則相對比較容易。

❻❶ 覺音，《清淨道論》，頁 78。

下等者是可以在適當的時間（中夜），坐在椅子上、身體靠在椅背而入眠。**❷**

　　綜上所述，「頭陀行」並沒有禁止「睡眠」，只是「睡眠」時採用「坐」的姿勢，而不是「躺臥」的姿勢。不以躺臥的姿勢入眠有幾種利益，如：斷除對「耽於橫臥之樂，轉臥之樂，睡眠之樂」而起的執著煩惱，並有助於證得「出世的喜樂」。**❸**即然連佛陀允許的「頭陀苦行」亦沒有規定修行者必須連「中夜」都「不睡眠」，記載於《般舟三昧經》的「除睡眠」等詞就不應當理解為「不睡眠」，而「般舟三昧」之修持亦不一定要「晝夜六時」皆「不睡眠」。釋惠敏（2012）提出「佛教對治『睡眠蓋』的兩個禪修傳統」，其實兩個傳統的差別只在於睡眠時採用不同的姿勢，共同目的為「除睡眠蓋」。

第四節　超出「頭陀苦行」之「不睡眠」

　　第三章通過文獻比對推斷《般舟三昧經》多處出現的「除睡眠」等詞指的是「除睡眠蓋」。本章則從「頭陀」的角度檢視有關睡眠的實踐，從中發現佛教所允許的「頭陀苦行」亦不完全禁止睡眠，只要求「脅不著席」——不以躺臥的姿勢入眠而已。儘管如此，在現實生活中仍然有修行者嘗試晝夜六時

---

❷ 同上。

❸ 同上，頁79。

（包括中夜）都不睡眠，這些特別的例子記載於早期經典、律典及祖師論著中。世尊以及後來的古德是如何看待這些堅持不眠的修行者呢？以下通過幾個例子說明：

一、二十億耳：「竟夜」經行、不眠

眾所周知，大迦葉為「頭陀第一」的比丘。此外，另有「苦行第一」的二十億耳比丘。❻❹「頭陀」與「苦行」之間有何差異？二十億耳以什麼方法修行，因而堪稱「苦行第一」呢？依據《增壹阿含·地主品》的記載：

> 尊者二十億耳在一靜處，自修法本，<u>不捨頭陀十二法行，晝夜經行</u>，不離三十七道品之教，若坐若行，常修正法，<u>初夜、中夜、竟夜，恒自剋勵，不捨斯須</u>。然，復不能於欲漏法心得解脫。是時，尊者二十億耳所經行處，腳壞血流，盈滿路側，猶如屠牛之處，烏鵲食血。然，復不能於欲漏心得解脫。❻❺

可見尊者二十億耳是在「十二頭陀」的基礎上，加入了「苦行」的成分，即：晝夜（包括初、中、後夜）毫不間斷地「經行」。二十億耳不斷經行，直到腳壞血流，所流出的血盈滿路側，甚

---

❻❹ 《分別功德論》卷 4，CBETA, T25, no. 1507, p. 41b26-c20。
❻❺ 《增壹阿含經》卷 13，CBETA, T02, no. 125, p. 612a18-24。

至還有烏鵲飛來食其血。若將這段經文描述化為真實的場景，恐怕會給人一絲驚駭之感。

這樣的修持方式能達到何種效果呢？尊者二十億耳並沒有因此極端苦修而獲得證悟，反而退了道心，想要還俗。佛陀知道二十億耳出家前善於彈琴，於是便以彈琴喻教誡他：「如同彈琴一樣，琴絃太急或太緩都不好聽，只有不急不緩，琴音才悅耳動聽。修行亦如是！極精進者，猶如調戲；若懈怠者，此墮邪見；若能在中者，此則上行。你若能把握中道的修行原則，不久當成無漏人！」❻❻換言之，晝夜完全不睡眠的精進已偏離中道的原則，容易造成掉舉（調戲）蓋之生起，修行者應當處於中道。

二、阿那律：因「不睡眠」而眼壞

根據《增壹阿含·力品·第五經》的記載，阿那律曾在聽聞世尊說法的過程中「睡著」，因而受到佛的呵責。阿那律從此堅持晝夜六時都「不睡眠」，沒多久眼根損壞。為此，佛同樣告誡阿那律：「〔過於〕勤加精進者，與調戲蓋相應；設復懈怠，與結相應；汝今所行當處其中。」❻❼世尊於是請耆域醫師治療阿那律的眼睛，但醫師回答說：「若阿那律小睡眠者，我當治目。」佛更進一步勸導阿那律去睡眠：

---

❻❻ 同上，CBETA, T02, no. 125, p. 612b8-21。
❻❼ 《增壹阿含經》卷31，CBETA, T02, no. 125, p. 719a7-11。

> 汝可寢寐。所以然者，一切諸法由食而存，非食不
> 存。眼者以眠為食，……。❻❽

由此可見，世尊允許弟子睡眠，因為一切諸法由食而存，眼根
以「睡眠」為食。最重要的是修行者必須在「精進」與「懈怠」
之間取得平衡，世尊並不希望弟子因修行而損害自己的身體。

三、惡比丘尼：以「不睡眠」戲弄客人

　　在《十誦律·尼律》還記載著有關支持提婆達多的惡性
比丘尼，嘗試以「不睡眠」戲弄客比丘尼，結果受到佛陀的
責備。❻❾

　　當時，有客比丘尼遠道而來，雖然行路疲極，但仍堅持佛
陀「初夜後夜，精勤用功」的教誨。「初夜」時分，惡性比丘
尼便躺下睡覺，但客比丘尼堅持坐禪、誦經、呪願。到了「中
夜」，客比丘尼想要入眠之時，惡性比丘尼卻故意刁難說：「睡
無果無報，佛讚不睡眠，呵責睡眠，今我等覺不臥、不睡眠。」
最終，客比丘尼竟夜不得睡眠，進而造成身體不安。惡性比丘
尼這樣的行為，受到頭陀比丘尼以及世尊的種種呵責，並立下
戒條：「若比丘尼先住惱後住者，波逸提。」

　　由此可見，雖然「佛讚不睡眠，呵責睡眠，睡無果無報」，
但是佛陀的意思並非要弟子完全摒除睡眠，在精進修行的過程

---

❻❽ 同上，CBETA, T02, no. 125, p. 719a14-18。
❻❾ 《十誦律》卷 45，CBETA, T23, no. 1435, pp. 323c14-324a9。

中，「中夜」是允許睡眠的。若將佛「讚不睡眠，呵責睡眠」看作完全「不睡眠」，恐怕會如同支持提婆達多的惡性比丘尼一樣，受到世尊的呵責。

四、「不睡眠」之效，在「一心」之後

從上述三個發生在佛世的例子可以看出，世尊並不鼓勵修行者連「中夜」也「不睡眠」。然而，當《般舟三昧經》傳到漢地，卻有不少人認為「般舟三昧」的修持必須「連夜不眠」，依據清朝周夢顏彙輯的《西歸直指》所記載：

> 宋遵式，台州臨海縣人，學行高古，名冠兩浙，專修淨土，常行般舟三昧，<u>九十晝夜不睡眠</u>，兩足皮裂，嘔血不已。夢觀音，以手指其口，注甘露灌之，覺身心清涼，疾遂愈。❼

北宋的遵式大師曾經修持「般舟三昧」，九十晝夜不睡眠，結果兩足皮裂，嘔血不已。最後，幸得觀世音菩薩之感應才痊愈。這樣的苦修，與尊者二十億耳的經驗可謂同出一轍。

另外，針對《法華經‧序品》中「又見佛子，未嘗睡眠，

---

❼ 《西歸直指》卷4，CBETA, X62, no. 1173, p. 122b21-c1。遵式大師傳，最初記載於宋王古輯撰的《新修往生傳》卷3， CBETA, X78, no. 1546, p. 161b7-21。後來亦收於明代袾宏所輯的《往生集》卷1， CBETA, T51, no. 2072, p. 134a23-b2。

經行林中，懃求佛道」一偈❼，清朝佛閑勎伊立科、智一雪墩
拾遺之《法華經科拾》提到：

> 眾生以此睡眠因緣，不能發生禪定善法，所以沉淪
> 三界，今既不睡，而加經行，正四種三昧中之「常
> 行三昧」也。……今人見此不睡威儀，可以聳人視
> 聽，動欲舉行，全不明諳經義應行何事，而反世務
> 紛紜，幾成邀名射利之術，殊可慨也！❼

所謂「今人」，指的是清朝時代的人。當時有很多人盲目地實
踐「不睡眠」的「常行三昧」。他們以為這樣的「不睡」威儀，
可以聳人視聽，所以才實踐「不睡覺」。其目的不是為了求解
脫，而是為了獲得世俗的虛名與利益。這是誤解「不睡眠」所
帶來的弊端。

對於刻意「連夜不眠」的現象，古德有什麼看法呢？清朝
王耕心居士，曾參省一大師於揚州，在其《摩訶阿彌陀經衷論》
中提到前人對「念佛三昧」的觀點有十種闕誤，其中第二項為
「不坐不睡之誤」：

> 昔有修「般舟三昧」者，執「不坐不睡」之文，未

---

❼ 《妙法蓮華經》卷1，CBETA, T09, no. 262, p. 3b1-3。在本書第三章已考
　察過「未曾睡眠」，它指的是「去除睡眠蓋」，而非連夜「不睡眠」。
❼ 《法華經科拾》，CBETA, X33, no. 628, p. 345b21-c7。

及兩月，雨腿胕腫，病不能興，竟破期出關，不能
卒業。余參省公時，嘗以此義為質，省公曰：「專
修念佛三昧，惟在悉屏諸念，漸證一心，果證一
心，則精神壯健，自然不困，決不欲睡，自然不
飢，決不欲食。」……則妄執「不坐不睡」之文，
以強求三昧者，其謬可知。然，非此等開示，旦不
知「不睡」之效，實在已證一心之後。其說之精切
如此，實足為後世法程。學道者如妄執舊說，先自
戕賊，是則格致未精，自貽伊戚，非舊說之咎。此
不坐不睡之誤也。❼❸

曾有「般舟」行者**誤執**「不坐不睡」之文，結果閉關不成反成
病。針對這一點，省一大師認為「不睡眠」是無法強制實踐的，
唯有念佛證得「一心」之**後**，自然精神飽滿，不想「睡眠」。
因此，「不睡眠」的效果是在證得「一心」之**後**自然出現，而
非在「一心」之**前**勉強行之。有關「不睡眠」乃是得到「一心」
之後的自然效果，印順導師（2000）亦持有同樣的觀點，在《佛
法是救世之光》述及「定成就」的境界時提道：

　　真正得到定境的〔人〕，在自己身心上，有一番新
　　的經驗，有種種深細的定境，種種的禪定功德。不
　　說最高的殊勝定境，即是得到共世間的四禪，也有

---

❼❸ 《摩訶阿彌陀經衷論》，CBETA, X22, no. 401, p. 166a2-15。

明、淨、喜樂的定德；對欲界的一切惡不善法，因
離欲而不起；出定以後，由於定力的資熏，飲食睡
眠，都會減少，身心輕安，非常人可及。❼

可見，當一個人證得「禪定」以後，自然會獲得種種的定德，
其中一項就是「睡眠」會自然減少。此外，印順導師在《成佛
之道》針對佛弟子應該如何「睡眠」提出這樣的觀點：

保持身心的健康，睡眠是必要的。依佛制：初夜
（以六時天黑，夜分十二小時計，初夜是下午六時
到十時），後夜（上午二時到六時），出家弟子都
應過著經行及靜坐的生活。中夜（下午十時到上午
二時）是應該睡眠的，但應勤修「覺寤瑜伽」。換
言之，連睡眠也還在修習善行的境界中。……在睡
眠時，應作光明想……等到將要睡熟時，要保持警
覺；要求在睡夢中，仍然努力進修善法。……頭陀
行有「常坐不臥」的，俗稱「不倒單」，其實是不
臥，並非沒有睡眠，只是充分保持警覺而已。《遺
教經》說：「中夜誦經以自消息，無以睡眠因緣，
令一生空過」。❼然，依一切經論〔的〕開示，中夜
是應該睡眠將息的。……所以，不可誤會為：中夜

---

❼ 釋印順，《佛法是救世之光》，頁 172。
❼ 《佛垂般涅槃略說教誡經》，CBETA, T12, no. 389, p. 1111a28-29。

> 都要誦經，整夜都不睡眠。這也許譯文過簡而有了
> 語病，把初夜（後夜）誦經譯在中夜裏，或者『誦
> 經以自消息』，就是睡眠時（聞思修習純熟了的）
> 法義的正念不忘。❼

此文簡單明了，無須多作詮釋。簡言之，一切佛弟子（包括頭陀行者）都應當在「初夜、後夜」精進修行，而在「中夜」睡眠，只是睡眠之時須勤修「覺寤瑜伽」。《遺教經》記載的「中夜誦經以自消息……」可能是經典翻譯所產生的問題，千萬不可誤會為：「整夜都不睡眠」。同樣的，面對《般舟三昧經》多處出現的「除睡眠」、「却睡臥」、「不得臥出」等詞，千萬不可誤會為：「整夜都不睡眠」。

五、借鑑當代之禪法，融攝「不睡眠」之般舟

　　如上所述，刻意或勉強「連夜不眠」而稱之為「精進」，並非佛陀的本意。《般舟三昧經》之「除睡眠」等詞，指的並非晝夜六時都「不睡眠」。事實上，當禪修者達到「一心」乃至更高的「禪定」境界之後，睡眠就「自然」減少。儘管如此，「般舟三昧」之實踐一定要七日乃至九十日「連夜不眠」的觀念恐怕已根深柢固。倘若仍有般舟行者認為非得以「不睡眠」的方式修持「般舟三昧」不可的話，不妨以當代三個禪修傳統的教法做為借鑑。這三個傳統的代表人物為：1.泰

---

❼ 釋印順，《成佛之道》，頁 194-196。

國阿姜查（Ajahn Chah，1918 － 1992）、2. 緬甸帕奧禪師（Pa
Auk Sayadaw，1934 －）、3. 臺灣法鼓山的聖嚴法師（1930 －
2009）。前二者屬於上座部禪法、後者屬於漢傳禪法。首先
須記住：這三個傳承並沒有鼓勵或規定禪修者必須「連夜不
眠」，只是共同說明了「睡眠」的情況會隨著個人禪修進展
而有所不同。

　　首先，阿姜查屬於泰國森林傳統的頭陀遊行僧（Phra
Thudong）。這個傳統的僧人至少守持十三支頭陀行中的幾
支。❼阿姜查認為除了持戒與修定之外，若加上頭陀行，便能
更有效地消除煩惱。❽針對「睡眠」這件事，阿姜查建議弟子
們最好不要執著於早睡、晚睡或不睡，只要一睡醒就馬上開始
修行即可。❾他在《寧靜的森林水池》中提到「睡眠」會隨著
個人的禪修進展而自然調整，分為三個階段：

> 不要去在意時間，只要讓你的修行保持穩定的速
> 度，讓它逐漸地成長。……〔1〕從前，你可能會
> 打呼，說夢話、磨牙齒、翻來覆去。〔2〕一旦你
> 的心受過了訓練，這一切都會消失。雖然你會睡得
> 很熟，但是，你不但不會昏沉，反而會非常清醒。

---

❼ Kamala Tiyavanich, *Forest Recollections: Wandering Monks in Twentieth-Century Thailand*, p.1.

❽ Ajahn Chah, *Food for the Heart*, pp. 85-86.

❾ 阿姜查，《以法為贈禮》，頁 101。

身體會休息，可是心將晝夜都保持覺醒。這就是「嘯哆」——覺知者、覺醒者、歡喜者、光明者。這位覺知者是不會睡覺、不會昏沉的。〔3〕如果你使你的心在修行中如此的穩固，你大概可以兩三天不睡覺，而當你疲憊時，你可以進入三摩地五或十分鐘，然後就恢復體力了——就好像你已睡了整晚一樣。在這時候，你不需在意你的身體，因為有慈悲與領悟，所以你還是會照料身體的所需的。❽

這三個階段與念力、定力的提昇有關：1. 禪修前：一個人不具備正念，因此會有說夢話、或輾轉反側等現象，造成睡眠品質不好；2. 持續禪修時：念力與定力提昇，睡眠會變得安穩。此時，身體仍需要休息，但睡眠時也能保持覺醒，不會惛沈；3. 得定後：有了穩固的定力，確實可以兩三天不睡覺（僅僅「兩三天」，並非「長期」不睡覺）。若身體疲累，只要短暫地進入禪定（三摩地），就能恢復體力與精神。值得注意的是，這三個階段乃循序漸進的過程，無法越過第一、第二階段，而在修行的一開始就直接進入幾天「不睡眠」的階段。

另外，緬甸的帕奧禪師則指出「禪定」可以成為修行者的「休息處」，對於正在修觀禪（vipassanā）的人而言特別重要：

〔1〕「近行定」乃是純觀行者的休息處。他們並未

---

❽ 阿姜查，《寧靜的森林水池》，頁 126-127。

> 先達到止禪的禪那，因為他們一開始就直接修行四界分別觀。修行觀禪時如果感到疲勞，他們可以在近行定中休息，〔2〕就像止觀行者在「禪那」中休息一般。當他們恢復清新與活力之後，再出定修行觀禪。
>
> 在《中部．雙考經Dvedhāvitakka Sutta, Majjhima Nikāya》的註釋裡，舉了一個譬喻來說明以「禪那」作為休息處的情況：在戰爭當中，有時士兵們感到疲勞，然而敵人還很強盛，無數的飛箭不斷射來。此時，疲勞的士兵們可以撤退到碉堡中休息。在碉堡堅壁的掩護下，不會受敵人飛箭的危害。他們可以休息到疲勞消除、體力恢復之後，才離開碉堡，回到沙場作 。同樣地，「禪那」就像一座碉堡，是修行觀禪者的休息處。修行觀禪時必須辨識許許多多的法，疲勞可能因而產生，所以禪修者能夠從休息處獲得很大的利益。[81]

禪修者可以分為兩類，即「純觀行者」及「止觀行者」。1. 對於「純觀行者」而言，他們的定力最高可以達到「近行定」，因此「近行定」是他們的「休息處」。2. 對於「止觀行者」而言，他們能夠證入四根本禪乃至無色界禪，因此「禪那」是他們的「休息處」。此「休息處」並非純粹為了讓行者「休息」，

---

[81] 帕奧禪師，《如實知見》，頁 112。

而是為了協助觀禪的持續進行。從「定」發展至「慧」的層次，禪修者在觀照的過程中可能生起疲勞。此時，修行者可以藉由進入禪定，以消除疲勞及恢復活力，然後繼續修觀。如此，「定」與「慧」相輔相成，才能有效地擊敗煩惱敵。

　　再者，弘揚漢傳禪法的聖嚴法師，將修行歷程分為三個階段：1.集中注意力；2.心念統一，此中又分為「身心統一」及「內外統一」兩個層次；3.虛空粉碎：在禪七中，當禪眾達到「身心統一」的程度後，聖嚴法師便會教授他們參話頭（或默照）的方法。❷若是參話頭，聖嚴法師會依據禪修者的層次而決定是否給予「休息」的機會：

　　　　辨別一個修行人是否進入所謂的「狀況」而產生大疑情是非常重要的。〔1〕在疑情未生起之前，〔聖嚴〕師父會允許一個已經精疲力盡的行者休息，休息時間的長短則端視他疲倦的程度。〔2〕然而，當他進入「狀況」以後，〔聖嚴〕師父會像驅趕一群牛羊而不讓牠們有停止的機會。當一個人的大疑情生起來的時候，除非他本來有高血壓或嚴重的心臟病，不然不論他如何使勁地用功，對他的身體都不會有損害的，因為處於這種境界的人，他是完全與宇宙相應的，來自整個宇宙的力量，都可以注入他個人而融合為一。因此，在這個時刻，〔聖嚴〕師

---

❷ 釋聖嚴，《禪門囈語》，頁 8-13。

父一定要逼驅行者不斷地前進、前進，以期望能得
「虛空粉碎」的「大爆炸」發生，或者至少也有一
個較小的「爆炸」。❽

對於仍未進入禪修「狀況」的人，可以讓他稍微休息。但是，
對於歷經了「心念統一」並進入「疑情」，正邁向「虛空粉碎」
的禪修者，聖嚴法師不會讓他們休息，而是逼驅他們持續不間
斷地參究。唯有達到這個層次的禪修者，「不休息」才不損於
身體健康，也才「有資格」毫不間斷地用功。

　　將上述三個當代禪法做為借鑑，反觀「般舟三昧」之實
踐，可以確認三個重點：

　　1. 除非行者已證得穩固的「三昧」，否則難以做到七日乃
至九十日不睡眠。若反其道而行，一開始修行就刻意不眠以強
求「般舟三昧」，恐怕會適得其反。

　　2. 九十日連夜不眠的「速證法」自非初學者所能實踐，必
須在證得「般舟三昧」之後才有資格行之。

　　3. 一旦般舟行者證得「般舟三昧」，於定中見佛（聞法）
之後，必須觀佛之性空。在觀空的過程中若感到疲勞，行者
可以進入「三昧」休息，恢復體力與精神之後，再出定修空
觀。如此「止」與「觀」持續交替運行，才有望證得無生法
忍。❽

---

❽ 釋聖嚴，《禪的體驗‧禪的開示》，頁138。
❽ 一般人所偏重的九十日速證法，除了「不得臥出三月」，還有一項「不

　　簡言之，連中夜也不睡眠並非《般舟三昧經》之主張。無論如何，若般舟行者非要以「不睡眠」的方式實踐九十日「速證法」不可的話，筆者認為必須在念佛念至「定中見佛」之後行之。到這個層次，般舟行者才可能「止」（般舟三昧）與「觀」（觀佛性空）持續不斷地交替運作，直至證得無生法忍。

第五節　小結

　　第三章通過文獻比對的結果顯示《般舟三昧經》之「除睡眠」等詞指的是「除睡眠蓋」，而非「不睡眠」。但仍有人認為在實際修行中，確實有「不睡眠」的傳統存在，而「般舟三昧」就屬於這個傳統，如釋惠敏（2012）提出兩種對治「睡眠蓋」的傳統：1.《瑜伽論・聲聞地》所說的「初夜、後夜覺寤瑜伽」，「中夜」可以右脅而臥，正念正知地養息，屬於一般禪修傳統；2.《佛說十二頭陀經》所言，連「中夜」也「脅不著席」，屬於頭陀苦行的傳統。另外，陳漢洲（2004）在《般舟三昧念佛法門及其傳播》則提出「《般舟三昧經》是以『般若』為核心，以『頭陀』為行法」的觀點。換言之，《般舟三昧經》以「頭陀」為行法，「頭陀」者連「中夜」也「脅不著

得有世間思想，如指相彈頃三月」。若非達到「止」與「觀」持續交替運作的境界，要做到沒有「世間思想」，恐怕亦難成就。

席」,「脅不著席」者即「不睡眠」也。這是目前普遍被接受的觀點。

然而,通過《般舟三昧經》諸譯本之考察,筆者發現「頭陀」在後漢(179)譯出的三卷本《般舟三昧經》、一卷本《般舟三昧經》,以及失譯的《拔陂菩薩經》的定位並不明顯。在這三部譯本中看不到「頭陀」、「苦行」或相等的譯語,僅僅提到「常乞食」、「不受請」、「阿蘭若處住」。嚴格而言,這三項並無法真正代表「頭陀行」。只有隋代(595)由闍那崛多譯出的《賢護分》,才出現「頭陀」與「苦行」兩個詞,但分量亦不多。重要的是,四部漢譯本皆只是規定「比丘」應當實踐「頭陀支」,其他三輩(比丘尼、優婆塞、優婆夷)則無此規定。由此可見,要成就「般舟三昧」不一定要實踐「頭陀行」,「頭陀」僅是比丘菩薩的「助道法」。因此,可以說「頭陀」只是《般舟三昧經》的其中一項行法,但並非《般舟三昧經》的主要行法。

另外,在「頭陀」行法中有「脅不著席」一支,亦稱為「常坐不臥」或「不倒單」。從姿勢而言,「頭陀行」強調的是「常坐」,因此與普遍認為修持「般舟三昧」必須「不坐、可行、可立」有所不同。最重要的是,「頭陀行」中所謂的「常坐不臥」或「脅不著席」指的並非連「中夜」也「不睡眠」,而是「若欲睡時,脅不著席」——不以「躺臥」的姿勢入眠而已。由此可見,普遍認為「般舟三昧」屬於「頭陀苦行」,因此應當「連中夜也不睡眠」,這樣的觀點不符合「頭陀」的真實義。

　　一旦修行者嘗試超出世尊允許的「頭陀苦行」，如尊者二十億耳長夜經行不眠，佛便勸誡他「精進」也得保持中道，如此方能悟道。對於發願「永不睡眠」的尊者阿那律，佛更勸他「眼以眠為食」，此「食」乃基本所需，不可斷之。對於故意讓客僧連中夜也不得睡眠的惡比丘尼，世尊更是給予種種呵責。可見，世尊不鼓勵「連中夜也不睡眠」。依一切經論的開示，「中夜」是應該「睡眠」休息的，只不過「睡眠」之時必須勤修「覺寤瑜伽」，保持「正念正知」地入眠。所以，千萬別誤以為「佛呵睡眠」就等於日夜都不得睡眠。在中國，清朝王耕心指出「念佛三昧」者有「不坐不睡之誤」，認為「不睡眠」或「減睡眠」是在證得一心（或三昧）之後，自然發生的現象。因此，筆者認為「般舟」行者應當將修行的重點放在獲得「一心」，而不是放在「不睡眠」上。若證得「一心」或以上的定力，「不睡眠」的效果不期而至。

　　總言之，佛教並不存在「不睡眠」的傳統，世尊所允許的「頭陀苦行」只是在中夜以「坐」姿「去除睡眠蓋」的傳統。因此，從「頭陀苦行」的立場而言，《般舟三昧經》之「除睡眠」等詞並非指「不睡眠」。無論如何，倘若般舟行者非得以「不睡眠」的方式實踐九十日「速證法」不可的話，就必須在達到「定中見佛」之後行之。

第五章 以「不睡眠」做為「般舟三昧」行法之源流考

目前普遍認為修持「般舟三昧」就必須「常行」、「不眠」、「不臥」，如釋厚觀（1989）指出「三月不眠常行」為「般舟三昧」特色之一。❶釋惠謙（2001）更進一步指出：此一特色受到中國祖師的重視與強調，所以傳沿至今，只要一提到「般舟三昧」，便認為是「九十天不眠、常行」地專修念佛三昧。❷近代著作《佛光教科書》說得更具體：

> 般舟三昧，是一種「佛立」、「常行」的修持法，在為期三個月的修行中，不坐不睡，只可立可行，累時靠在繩子上假寐。❸

然而，九十日「常行、不眠、不臥」似乎不容易，如同《西歸直指》所記載，宋代遵式曾如此修持：

> 宋遵式，⋯⋯專修淨土，常行「般舟三昧」，九十晝夜不睡眠，兩足皮裂，嘔血不已。❹

---

❶ 釋厚觀，〈般舟三昧〉，頁131-150。
❷ 釋惠謙，〈《般舟三昧經》的念佛禪觀啟示〉，頁66。
❸ 釋星雲，《佛教常識》，頁158。
❹ 《西歸直指》卷4，CBETA, X62, no. 1173, p. 122b22-24。

「九十晝夜不睡眠」的結果是：「兩足皮裂，嘔血不已」。
這樣的修法聽起來有些「危險」，讓筆者沉思良久：是否只
有「常行、不眠、不臥」才能達到定中見佛的境界（般舟三昧）
呢？難道「坐」著念佛，或在適當的時候（如中夜）躺「臥」
下來睡覺，就無法證得「般舟三昧」嗎？為解答這些問題，
以下將通過《般舟三昧經》諸譯本的比對，釐清修持「般舟
三昧」應當採用的姿勢。接著，舉出古德以不同姿勢達成「般
舟三昧」的例子。最後，探討「般舟三昧」的成就，是否與
姿勢有直接的關係。

第一節　修持「般舟三昧」的姿勢

一、念佛見佛的「三種姿勢」

依據《般舟三昧經》的記載，念佛、見佛的姿勢可分為
三：1. 常行、不臥、不坐；2. 坐；3. 臥。

（一）常「行」、不「臥」、不「坐」
1. 速證法

對於「般舟三昧」的修持方法，「般舟」行者普遍皆採取
常「行」、不「臥」、不「坐」的姿勢。這樣的修持方式，源
自於《般舟三昧經・四事品》的第二組四事，其文如下：

　　菩薩復有四事疾得是三昧，何等為四？一者、不得
有世間思想，如指相彈頃三月；二者、<u>不得臥出</u>三
月，如指相彈頃；三者、<u>經行不得休息</u>、<u>不得坐</u>三
月，除其飯食左右；四者、為人說經，不得望人衣
服、飲食。是為四。❺

四事中的第二事「不得臥出」，即「不臥」；第三事「經行不
得休息」，即「常行」；「不得坐三月」，即「不坐」。三者
合起來，便是「不臥」、「常行」與「不坐」。從《般舟三昧經》
的整體修法而言，屬於「速證法」之一，能「疾得是三昧」。

2. 助道法

　　此外，《般舟三昧經·四輩品》對於比丘菩薩亦要求「常
行」、「不臥」，原文如下：

　　菩薩不得諂意，常當樂獨處止，不惜身命，不得悕
望人有所索，常行乞食，不受請，不嫉妬，自守節
度如法住，所有趣足而已，<u>經行不得懈</u>、<u>不得臥
出</u>。如是，颰陀和！如是經中教，其棄愛欲作比丘學

---

❺ 《般舟三昧經》卷 1，CBETA, T13, no. 418, p. 906a16-21。相等文脈亦出
現在《賢護分》卷 2：「菩薩摩訶薩復有四法，能具足行則能成就現前三
昧。何等為四？一者、乃至於剎那時無眾生想；<u>二者、於三月內不暫睡
眠</u>；三者、三月經行，唯除便利；四者、若於食時，布施以法，不求名利、
無望報心。」（CBETA, T13, no. 416, p. 877b16-22）

是三昧者，當如是守如是。❻

上述「經行不得懈、不得臥出」，在《賢護分》譯作「常當經
行，破除睡蓋」。❼此為比丘應當實踐之法。另外，《般舟三
昧經·四輩品》對比丘尼菩薩的規定如下：

> 比丘尼求摩訶衍三拔致，是三昧學守者，當謙敬，
> 不當嫉妒，不得瞋恚，去自貢高，去自貴大，却於
> 懈怠，當精進，棄於睡眠，不得臥出，悉却財利，
> 悉當淨潔護〔戒〕，不得惜軀命，常當樂於經，當
> 求多學，當棄婬恚癡，出魔羅網去，當棄所好服
> 飾、珠環，不得惡口，不得貪愛好鉢、震越，當為
> 人所稱譽，不得有諛諂。學是三昧時，當敬善師視
> 如佛，當承是經中教，守是三昧。❽

針對比丘尼，經中只提到「棄於睡眠，不得臥出」，一般解讀
為「不眠、不臥」。相對於比丘菩薩所應實踐的項目，比丘尼
缺少「經行」一項。❾依據《十住毘婆沙論·助念佛三昧品》
之「出家六十法」，其中的第五十九法為「常樂經行」，而第

---

❻《般舟三昧經》卷2，CBETA, T13, no. 418, p. 909c11-16。
❼《大方等大集經賢護分》卷3，CBETA, T13, no. 416, p. 883b27-28。
❽《般舟三昧經》卷2，CBETA, T13, no. 418, p. 910a17-26。
❾《拔陂菩薩經》及《賢護分》都沒有提到對比丘尼菩薩的規定，而是將「四
輩」分為「出家」與「在家」二類。

六十法為「除却睡眠」。❿

　　另外，在《般舟三昧經・無想品》還有一段文，勸勉菩薩
在學誦「般舟三昧」之前必須具足十事：

　　　　若有菩薩學誦是三昧者，有十事於其中立。何等為
　　　　十？一者、其有他人若饋遺鉢、震越、衣服者，不
　　　　嫉妬；二者、悉當愛敬人，孝順於長老；三者、當
　　　　有反復念報恩；四者、不妄語，遠離非法；五者、
　　　　常行乞食，不受請；<u>六者、當精進經行；七者、畫
　　　　夜不得臥出</u>；八者、常欲布施，天上天下無所惜，
　　　　終不悔；九者、深入慧中，無所著；十者、先當敬
　　　　事善師，視如佛。⓫

其中，第六事為「當精進經行」、第七項為「畫夜不得臥
出」。換言之，就是必須採取「經行」與「不臥」的姿勢。
在《賢護分》的平行經文中只提到「經行無倦」，缺少「不
臥」一項。⓬值得注意的是，此十事中的第一事為「對他人

---

❿　《十住毘婆沙論》卷 12，CBETA, T26, no. 1521, p. 87b15-16。

⓫　《般舟三昧經》卷 3，CBETA, T13, no. 418, p. 916b26-c5。

⓬　這十事在《賢護分》為「一者、彼諸善男子、善女人先摧我慢，起恭敬心；
　　二者、知恩不忘，心常念報；三者、心無倚著，亦無嫉妒；四者、除斷
　　疑惑及諸障礙；五者、深信不壞，繫念思惟；六者、精進勤求，經行無倦；
　　七者、常行乞食，不受別請；八者、少欲知足，調伏諸根；九者、正信
　　甚深無生法忍；十者、常念：『誰所有是三昧？』即於彼師生諸佛想，
　　然後修習如是三昧。」（見《大方等大集經賢護分》卷 5，CBETA, T13,

的衣缽不嫉妒」、第五事為「常行乞食，不受請」，由是兩者可以看出此十事是針對出家菩薩的規定。嚴格分析，《般舟三昧經・四事品》的第二組四事所謂「三月不得臥出、經行不得休息、不得坐」，其實也是針對出家眾而言。何以得知？首先，此四事中所謂的「三月」應當與出家眾三個月「安居」有關。此外，第四事「為人說經，不得望人衣服、飲食」指的應是出家眾，因為只有出家菩薩才為人「說經」以及需要白衣居士施予「衣服、飲食」。在《般舟三昧經・四輩品》中，對於在家菩薩確實並沒有「經行、不臥、不眠」之規定。於《十住毘婆沙論・助念佛三昧品》中的「在家二十法」亦沒有「經行」、「不臥」等項目。因此，「常行、不臥」可說是出家菩薩的「助道法」。

　　綜合上述《般舟三昧經》的三段文，修持「般舟三昧」確實可以採用「常行、不臥、不坐」的姿勢。「常行、不臥、不坐」的「般舟」，後來受到不少中國古德的重視，到了近代似乎被認為是唯一的方式。事實上，這並非修持「般舟三昧」的唯一途徑，在《般舟三昧經》實有明文提到可以採用「坐」的姿勢修持「般舟三昧」。

（二）以「坐」姿見佛

　　以「坐」姿修持「般舟三昧」，進而達到定中見佛的境界，似乎沒有得到近代「般舟」行者的重視。然而，在《般舟三昧

no. 416, p. 892a28-b6）

經》的古今譯本中,確實多處提到以「坐」姿修「般舟三昧」。

在三卷本《般舟三昧經》,有三處提到「坐」時見佛、聞法的文脈,分別出現在〈問事品第一〉、〈行品第二〉與〈無著品第五〉。在〈問事品第一〉,颰陀和菩薩問佛有何三昧能夠直接在禪坐中見佛,無須以天眼或往生淨土後乃見:

> 是時,不持仙道、羅漢、辟支佛眼視,不於是間終生彼間佛剎爾乃見,便於是間坐,悉見諸佛,悉聞諸佛所說經,悉皆受。❸

對於「便於是間坐,悉見諸佛」,Harrison(1998)英譯為 but right away while sitting here(就在這裡坐著的時候)❹,《賢護分》作「唯住此土,見餘世界諸佛世尊」❺。顯然,此處所謂的見佛,是指在娑婆世界禪「坐」時,入定見他方諸佛。

---

❸ 《般舟三昧經》卷 1,CBETA, T13, no. 418, p. 904a28-b2。

❹ " Yet at this time it is not by means of the vision of the arhats or pratyekabuddhas of the Way of the Immortals that they see, nor is it that they die here and are born in that Buddha-field and only then see, but right away while sitting here, they see all the Buddhas and hear all the sūtras which the Buddhas preach and they receive them all." See Paul M. Harrison, *The Pratyutpanna Samādhi Sutra*, p. 13.

❺ 《大方等大集經賢護分》卷 1:「復云何當得住此佛剎遍見一切十方諸佛,聽聞正法,供養眾僧;非但未得出世六通,而實未得世間五通;而亦未捨此世界身,亦無生彼諸佛國土;唯住此土,見餘世界諸佛世尊,悉聞諸佛所宣正法,一切聽受如說修行?」(CBETA, T13, no. 416, p. 874b10-15)

　　對於颰陀和菩薩的提問，佛接著在《般舟三昧經‧行品》以阿彌陀佛為例做為解答：

> 菩薩若沙門、白衣，所聞西方阿彌陀佛剎，當念彼方佛，不得缺戒，一心念，若一晝夜、若七日七夜，過七日以後見阿彌陀佛，於覺不見，於夢中見之。……是菩薩摩訶薩，不持天眼徹視，不持天耳徹聽，不持神足到其佛剎，不於是間終生彼間佛剎乃見，便於是間坐見阿彌陀佛，聞所說經悉受得，從三昧中悉能具足，為人說之。❶⑥

對於「便於是間坐見阿彌陀佛」，Harrison（1998）英譯為 while sitting here they see the Buddha Amitabha（當他坐在這裡的時候，見阿彌陀佛）⑰，一卷本作「便於此坐見之」⑱，而《賢護分‧思惟品》說得最清楚不過：

---

⑯ 《般舟三昧經》卷1，CBETA, T13, no. 418, p. 905a14-27。

⑰ "These bodhisattvas mahāsattvas do not see through [the obstructions] with the divine eye,… rather, while sitting here they see the Buddha Amitabha, hear the sūtras which he preaches, and receive them all. Rising from meditation they are able to preach them to others in full." See Paul M. Harrison, *The Pratyutpanna Samādhi Sutra*, p. 18.

⑱ 《般舟三昧經》：「是菩薩不持天眼徹視，不持天耳徹聽，不持神足到其佛剎，不於此間終生彼間，便於此坐見之。」（CBETA, T13, no. 417, p. 899a18-20）

彼善男子、善女人端坐繫念，專心想彼阿彌陀如來・
應供・等正覺如是相好、如是威儀、如是大眾、如
是說法。如聞繫念，一心相續，次第不亂，或經一
日、或復一夜、如是或至七日七夜，如先所聞具足
念故，是人必覩阿彌陀如來・應供・等正覺也。❿

可見修行者是在「禪坐」中，專心觀想阿彌陀佛的相好功德，
進而在定中見阿彌陀佛。這段文，在藏譯本亦有所記載：

byaṅ chub sems dpa' khyim pa 'am rab tu byuṅ ba yaṅ
ruṅ gcig pu dben par soṅ ste 'dug la / de bźin gśegs pa
dgra bcom pa yaṅ dag par rdzogs pa'i saṅs rgyas tshe
dpag med ji skad du thos pa'i rnam pas yid la byas te /
tshul khrims kyi phuṅ po la skyon med ciṅ dran pa g-yeṅ
ba med par ñin źag gcig gam / gñis sam /gsum mam / bźi
'am / lṅa 'am / drug gam / ñin źag bdun du yid la bya 'o // de
gal te ñin źag bdun du sems mi g-yeṅ bar de bźin gśegs
pa tshe dpag med yid la byed na / de ñin źag bdun yoṅs
su tshaṅ ste 'das nas / bcom ldan 'das de bźin gśegs pa
tshe dpag med mthoṅ ṅo // ❷⓿

---

❿ 《大方等大集經賢護分》卷 1，CBETA, T13, no. 416, p. 875c12-17。
❷⓿ Paul M. Harrison, *The Tibetan text of the Pratyutpanna-Buddha-Saṃmukhāvasthita-Samādhi-Sūtra*, p.27. 這段文，Harrison 的英譯為 "bodhisattvas, whether they be householders or renunciants, go alone to a secluded spot and sit down, and in

（不管是在家或出家菩薩，應獨一靜處，坐下來，依
據所聽聞過的內容，專心思惟阿彌陀如來·應供·
等正覺。不犯眾戒，一心不亂地專注一日一夜，或
二、或三、或四、或五、或六、或七日七夜，七日
七夜過後，他將觀見阿彌陀如來。）

藏譯 "dug" 意即「坐下」。「坐下」來之後，才進一步依據
自己以前聽聞過有關阿彌陀佛的內容，「專心思惟」阿彌陀佛。
這，無非就是一般的禪坐觀想。

　　值得注意的是，《般舟三昧經·行品》或《賢護分·思惟
品》實為「般舟三昧」修法的主要脈絡。換言之，在《般舟三
昧經》中，以「坐」姿修持「般舟三昧」是主要的方法，屬於
整體修法中的「正修法」。由此看來，「常行、不臥」倒居其
次，僅屬「速證法」或「助道法」。

　　另外，《般舟三昧經·無著品》還以「偈頌」譬喻說：如
同大家當時「坐」著聽聞釋迦牟尼佛開示佛法一樣，「般舟三
昧」成就時，行者亦「坐」著見佛聞法：

　　行是精進見十方，坐遙聽受所化法；
　　如我於是講說經，樂道法者面見佛。❷

---

accordance with what they have learned they concentrate their thoughts on the
Tathagata, Arhat and Perfectly Awakened One Amitayus." 見 Paul M. Harrison,
The Samādhi of Direct Encounter with the Buddhas of the Present, p. 32.
❷ 《般舟三昧經》卷 2，CBETA, T13, no. 418, p. 909, a24-25。

所謂「坐遙聽受所化法」，Harrison（1998）英譯為 Sitting down, they will hear at a distance and receive the Dharmas that are taught ❷，意即：坐在這裡，卻能見到並聽到佛在遙遠的他方世界說法。

（三）睡「臥」中見佛

　　除了上述經「行」、端「坐」時見佛，在現存漢譯《般舟三昧經》的四個異譯本，以及藏譯本中皆共同提到：只要修行者能精進念佛，持戒清淨，達到一心之時，便能在一日乃至七日之中，或七日後見到佛。「般舟」行者或在白天，於定中見佛；或在夜晚，於睡夢中見佛。以下是各譯本的相關文脈：

譯本		相關文脈
1	三卷本《般舟三昧經》	如是，颰陀和！菩薩若沙門白衣所聞西方阿彌陀佛剎，當念彼方佛，不得缺戒，一心念——若一晝夜、若七日七夜——過七日以後見阿彌陀佛，於覺不見，於夢中見之。❷
2	一卷本	若晝日不得者，夜於夢中悉得之。❷
3	《拔陂菩薩經》	或在夢中，如來阿彌陀佛如來當面自見。❷

---

❷ "They who practise this energetically will see the ten quarters; <u>Sitting down</u>, they will hear at a distance and receive the Dharmas that are taught. Just as I expound the sūtras here; And those who delight in the Dharma of the Way see the Buddha face to face." See Paul M. Harrison, *The Pratyutpanna Samādhi Sutra*, p. 39.
❷ 《般舟三昧經》卷 1，CBETA, T13, no. 418, p. 905a14-17。
❷ 《般舟三昧經》，CBETA, T13, no. 417, p. 901c23。
❷ 《拔陂菩薩經》，CBETA, T13, no. 419, p. 922a16-17。

4	《賢護分》	若於晝時不能見者，若於夜分或睡夢中阿彌陀佛必當現也。㉖
5	藏譯本	De gal te ñin mo bcom ldan 'das de ma mthoṅ na / de ñal ba'i rmi lam du bcom ldan 'das de bźin gśegs pa tshe dpag med de'i źal ston to // ㉗（若在白天看不見世尊，阿彌陀如來便會在他們的睡夢中顯現其相。）

由上述諸譯本的比對中可以發現，「般舟三昧」成就時，修行者亦可能在「睡夢」中見佛。既然是在睡夢中，見佛時的姿勢盡可能是躺「臥」著的。

綜上所述，修持「般舟三昧」並不局限於「常行、不臥、不坐」的姿勢。「般舟」行者亦可以採用「坐」的姿勢修持「般舟三昧」。此外，經文沒有提到以「臥」的姿勢「念佛」，但定力成就時，是可以在躺臥（睡夢）中「見佛」的。《般舟三昧經·行品》是整部經的核心，它只提到端「坐」念佛而見佛，同時也提到覺時不見，睡夢中（臥姿）見之。然而，以「常行、不臥、不坐」的姿勢修持「般舟三昧」的文脈，只出現在《般舟三昧經》的〈四事品〉、〈四輩品〉及〈無想品〉。相比之下，以「坐」姿修持「般舟三昧」倒是《般

㉖ 《大方等大集經賢護分》卷1，CBETA, T13, no. 416, p. 875c17-19。

㉗ Paul M. Harrison, *The Tibetan text of the Pratyutpanna-Buddha-Saṃmukhāvasthita-Samādhi- Sūtra*, p.27. Harrison 將這段文英譯為："Should they not see that Lord during the daytime, then the Lord and Tathagata Amitayus will show his face to them in a dream while they are sleeping." 見 Paul M. Harrison, *The Samādhi of Direct Encounter with the Buddhas of the Present*, p. 32.

舟三昧經》的主要方法。

二、古德採用的「般舟」姿勢

（一）廬山慧遠的傳承

　　隋朝智者大師在《摩訶止觀》所採用的是九十日「常行」、「不臥」、「不眠」以及非時「不坐」的方式修持「般舟」，因此名為「常行三昧」。然而，在智者大師之前，依《般舟三昧經》修持的古德，最著名的莫過於東晉廬山慧遠大師。慧遠大師及其弟子雖依《般舟三昧經》念佛，但其實踐方式與後來流行的「般舟三昧」行法不甚相同。㉘以慧遠的弟子劉遺民為例，其修持方法為：

> 〔劉〕遺民精勤偏至，具持禁戒，宗張等所不及。專念禪坐，始涉半年，定中見佛，行路遇像，佛於空現，光照天地，皆作金色；又披袈裟，在寶池浴。出定已，請僧讀經，願速捨命。在山一十五年，自知亡日，與眾別已，都無疾苦。至期西面端坐，斂手氣絕，年五十有七。㉙

㉘ 上野俊靜，《中國佛教史概說》：「廬山慧遠於東晉安帝元興元年（西元四〇二年）與劉遺民及周續之等道俗名士二十三人，結社於東林寺般若臺，倡行念佛。……他專以《般舟三昧經》為依據，念十方現在佛中之一的阿彌陀佛。」（頁 26-28）

㉙ 《廣弘明集》卷 27，CBETA, T52, no. 2103, p. 304b7-13。

劉遺民念佛的方式是：精進、持戒、禪坐。他經過短短半年
的修習，便達到定中見佛的境界──「般舟三昧」。劉氏這
樣的「般舟三昧」行法，有兩點值得注意：1. 從姿勢而言，
是「坐」，而不是常「行」；2. 雖說精進，但並非「徹夜不
眠（不臥）」。劉遺民的見佛，不但是在禪「坐」時（定中
見佛），亦在非禪修時間──平日「行」走時，見到佛顯現
於虛空中（行路遇像，佛於空現）。

（二）中亞的「十方佛觀」

依據賴鵬舉（2007）有關「北傳《般舟三昧經》的流傳與
四世紀末中亞『十方佛觀』的形成」之研究，大約四世紀末，
中亞龜茲國的古德早已將《般舟三昧經》的禪修方法次第化，
收錄於鳩摩羅什所譯的《思惟略要法‧十方諸佛觀法》，其觀
法的步驟如下：

> 念十方諸佛者：<u>坐觀東方</u>，廓然明淨，無諸山河石
> 壁，唯見一佛結跏趺坐，舉手說法。<u>心眼觀察</u>，光
> 明相好晝然了了，繫念在佛不令他緣，心若餘緣
> 攝之令還。如是見者，更增十佛，既見之後復增
> 百千，乃至無有邊際，近身則狹轉遠轉廣，但見諸
> 佛光光相接。心眼觀察得如是者，<u>迴身東南</u>，復如
> 上觀。既得成就，南方、西南方、西方、西北方、
> 北方、東北方、上、下方，都亦如是。既得方方皆
> 見諸佛，如東方已，<u>當復端坐</u>，總觀十方諸佛，一

念所緣周匝得見。定心成就者，即於定中十方諸佛
皆為說法，疑網雲消得無生忍。❸

從「坐觀東方」及「當復端坐」足以證明此「十方諸佛觀法」
是以「坐」姿進行。文中還提到當禪修者觀東方佛成就以後，
接著「迴身東南」，也就是轉身向東南方。換言之，某一方佛
觀想成就後，必須調整「坐」的方向，繼續觀想另一方向之佛。
如此看來，此「十方諸佛觀法」，必須在特定的場合才能進行。
在這特定的場合中，每一個方向皆有佛像，讓禪修者先用「肉
眼」觀看，然後閉目以「心眼觀察」。

　　這樣的修行場合，出現在阿富汗的佛教石窟中，如卡克
拉克石窟及梵衍那石窟。另外，新疆克孜爾石窟 189 窟也屬於
這一類石窟。這些石窟的成立年代，約在四世紀末至六世紀之
間。在形制上，這一些石窟都屬於面積較小的方形窟，窟頂同
心圓式地繪滿小佛像。這些石窟的內在空間設計，以及窟內的
造像內容，皆符合《思惟略要法‧十方諸佛觀法》。禪修者進
行「十方諸佛觀法」時，就坐在石窟的中央，先觀看窟頂的佛
像，將佛像銘記於心，然後閉目觀想。❹

　　由劉遺民的修行方法、《思惟略要法‧十方諸佛觀法》以
及做為實踐「十方佛觀」的阿富汗與新疆佛教石窟，足以看出
四世紀末前後的「般舟三昧」行法，在漢地乃至中亞地區是以

---

❸ 《思惟略要法》，CBETA, T15, no. 617, p. 299c4-15。
❹ 賴鵬舉，《北傳佛教的般若學——論大乘佛教的起源》，頁 63-74。

「坐」姿為主。這也符合《般舟三昧經·行品》所說的觀佛方法。然而，智者大師依《般舟三昧經》建立「常行三昧」之後，九十日「常行、不臥、不眠」以及非時「不坐」的「般舟」修法，才逐漸在中國成為主流。

三、「見佛」的關鍵因素

從以上的探討可知：「般舟」行者可用不同的姿勢修持「般舟」。因此，「見佛」的關鍵似乎不在於姿勢。依據《般舟三昧經·行品》，真能讓修行者證入「般舟三昧」的關鍵因素有三：

> 颰陀和！是三昧佛力所成。持佛威神於三昧中立者有三事：〔一〕持佛威神力、〔二〕持佛三昧力、〔三〕持本功德力，用是三事故得見佛。[32]

此「見佛三因緣」，在其他譯本中都有出現，只是譯詞有些差異：

漢譯本	見佛的三個因素		
	一	二	三
三卷本《般舟三昧經》[33]	持佛威神力	持佛三昧力	持本功德力
一卷本《般舟三昧經》[34]	持佛力	三昧力	本功德力

---

[32] 《般舟三昧經》卷 1，CBETA, T13, no. 418, p. 905c15-18。
[33] 《般舟三昧經》卷 1，CBETA, T13, no. 418, p. 905c15-18。
[34] 《般舟三昧經》，CBETA, T13, no. 417, p. 899b18。

《賢護分》❸	彼佛加持	緣此三昧	自善根熟

綜合不同譯本的記載，見佛三要素為：1. 佛加持力：與現在
佛感應道交之不思議力；2.「般舟」三昧力：專注念佛而達
到一心，並證入三昧；3. 本功德力：自己過去的善根福德成
熟。換言之，不管「般舟」行者採用什麼姿勢，只要具足這
三個因緣，便能於定中或夢中見佛。

第二節 「般舟三昧」與「常行三昧」
關係之演變

　　在本書第一章已釐清《般舟三昧經》的整體修法，分為三
個層次：「正修法」、「助道法」及「速證法」。慧遠大師的
傳承，以及四世紀末於中亞集出的《思惟略要法‧十方諸佛觀
法》，注重《般舟三昧經》的「正修法」，主要以「坐」姿進
行「禪觀」。然而，這樣的「般舟三昧」修持法，後來有了些
轉變。後人往往將「不睡、常行」做為修持「般舟三昧」的唯
一方法。這一點，似乎跟「常行三昧」有關。隋朝之時，智者
大師於《摩訶止觀》立「常行三昧」，其主要修行的方式是：

---

❸ 《大方等大集經賢護分》卷2：「得見彼佛有三因緣。何者為三？一者、
緣此三昧，二者、彼佛加持，三者、自善根熟。具足如是三因緣故，即
得明見彼諸如來‧應供‧等正覺，亦復如是。」（CBETA, T13, no. 416, p.
877a12-15）

〔1〕終竟三月，不得念世間想欲如彈指頃；三月終竟，不得臥出如彈指頃；終竟三月，<u>行不得休息</u>，除坐食左右；為人說經，不得希望衣食。……〔2〕九十日身常行，無休息；九十日<u>口常唱</u>阿彌陀佛名，無休息；九十日心常念阿彌陀佛，無休息；或唱念俱運，或先念後唱，或先唱後念，唱念相繼，無休息時。❸❻

很明顯，第〔1〕部分直接引用自《般舟三昧經·四事品》中的「速證法」，採用「不臥」（不眠）、「常行」的姿勢；第〔2〕部分則加入了「口唱佛名」及「無休息」的特色。換言之，「常行三昧」與《般舟三昧經》所記載的「般舟三昧」修法，在某個程度上有共同處，同時也有其差異處。最重要的是，「常行三昧」只取〈四事品〉的「常行、不臥」，對於經中提到的其他修持方式則完全沒有提及。然而，後人似乎逐漸將「常行三昧」等同於「般舟三昧」。這一點，依據中國歷代古德所留下的文獻，可以獲得證明。

　　針對「般舟三昧」與「常行三昧」關係之演變，以下將隋唐至民國時代，中國古德的說法彙整成表，加以探討。

---

❸❻ 《摩訶止觀》卷2，CBETA, T46, no. 1911, p. 12b13-22。

一、中國古德的看法

朝	祖師	著述	「般舟三昧」與「常行三昧」的關係
隋	智顗 （539－598）	《摩訶止觀》	「常行三昧」……出《般舟三昧經》……。❸❼
		《四教義》	「常行三昧」如《般舟經》說。❸❽
		《四念處》	「常行」出《般舟》。❸❾
隋	灌頂 （561－632）	《觀心論疏》	「常行三昧」……出《般舟三昧經》……。❹⓪
唐	梁肅 （753－793）	《刪定止觀》	「常行三昧」出《般舟三昧經》。❹❶
北宋	知禮 （960－1028）	《千手眼大悲心咒行法》	「常行」，即《般舟經》「佛立三昧」。❹❷
北宋	智圓 （976－1022）	《維摩經略疏垂裕記・佛國品》	「般舟」此云「佛立」，即「常行三昧」。❹❸
北宋	從義 （1042－1091）	《金光明經文句新記》	九十日「般舟」者，即「常行三昧」也。❹❹
北宋	法雲 （1088－1158）	《翻譯名義集》	「常行」出《般舟三昧》，唯專行旋，九十日為期。❹❺

---

❸❼ 《摩訶止觀》卷 2，CBETA, T46, no. 1911, p. 12a19-21。
❸❽ 《四教義》卷 11，CBETA, T46, no. 1929, p. 761c9-10。
❸❾ 《四念處》卷 4，CBETA, T46, no. 1918, p. 574c3。
❹⓪ 《觀心論疏》卷 3，CBETA, T46, no. 1921, p. 601b8-9。
❹❶ 《刪定止觀》卷 1，CBETA, X55, no. 915, p. 697a6-7。
❹❷ 《千手眼大悲心咒行法》，CBETA, T46, no. 1950, p. 973a10-11。
❹❸ 《維摩經略疏垂裕記》卷 2，CBETA, T38, no. 1779, p. 732c1-2。
❹❹ 《金光明經文句新記》卷 4，CBETA, X20, no. 360, p. 421b11。
❹❺ 《翻譯名義集》卷 4，CBETA, T54, no. 2131, p. 1114c21-22。

南宋	法照 （1185－1273）	《法華經三大部讀教記》	「常行三昧」……**出**《般舟三昧經》……**❹**
南宋	宗曉 （1151－1214）	《樂邦文類》	……《般舟》同本異譯，……「常行三昧」**所準**之經也。**❹**
		《四明尊者教行錄》	「常行」，**即**「般舟三昧」，並九十日為一期。**❹**
元	惟則會解 （明傳燈疏）	《楞嚴經圓通疏》	「常行三昧」，**如**「般舟三昧」，常行不寐，九十日為一期。**❹**
元	徐行善	《法華經科註》	「般舟」翻「佛立」，此舉除睡中最，以九十日常行故。**❺**
明	大佑 （1334－1407）	《淨土指歸集》	「常行三昧」**也**，梵語「般舟」，此云「佛立」。**❺**
明	如惺	《得遇龍華修證懺儀》	「常行三昧」……**亦云**「佛立三昧」。**❺**
明	一如 （1352－1425）	《大明三藏法數》	「常行三昧」者，**亦名**「般舟三昧」。**❺**
明	蓮池袾宏 （1535－1615）	《阿彌陀經疏鈔事義》	「常行三昧」、「般舟」，九十日為期……**亦云**「佛立三昧」。**❺**
明	蕅益智旭 （1599－1655）	《法華經會義》	「般舟」，……九十日中常行，不坐不臥，除睡為最。**❺**

---

❹ 《法華經三大部讀教記》卷 16，CBETA, X28, no. 585, p. 94c5-6。

❹ 《樂邦文類》卷 1，CBETA, T47, no. 1969A, p. 151a16-19。

❹ 《四明尊者教行錄》卷 2，CBETA, T46, no. 1937, p. 868a27。

❹ 《楞嚴經圓通疏》卷 7，CBETA, X12, no. 281, p. 857a3-4。

❺ 《法華經科註》卷 1，CBETA, X31, no. 606, p. 18a18-19。

❺ 《淨土指歸集》卷 1，CBETA, X61, no. 1154, p. 383b18-19。

❺ 《得遇龍華修證懺儀》卷 2，CBETA, X74, no. 1488, p. 603b1-2。

❺ 《大明三藏法數》卷 9，CBETA, P181, no. 1615, p. 726b6-7。

❺ 《阿彌陀經疏鈔事義》，CBETA, X22, no. 425, p. 691c5-6。

清	續法 （1641－1728）	《楞嚴經勢至圓通章疏鈔》	「般舟」，……「常行三昧」**也**。❺❻
清	道霈 （1615－1702）	《法華經文句纂要》	「般舟」，……九十日中常行，不坐不臥，除睡為最。❺❼
清	大義	《法華經大成》	不睡常行，**即**「般舟」念佛三昧**也**。❺❽
清	性權	《四教儀註彙補輔宏記》	「常行」，……**亦名**「佛立三昧」。❺❾
民國	（明一如等編）丁福保（1874－1952）重校	《三藏法數》	「常行三昧」者，**亦名**「般舟三昧」。❻⓪
江戶	普寂 （1707－1781）	《顯揚正法復古集》	「常行三昧」，**亦名**「佛立」。❻❶

　　「常行三昧」一詞，最早出現在天台智者大師所述，並由其弟子灌頂（561－632）記錄下來的《摩訶止觀》。在智者大師及其弟子灌頂的其他著作中，包括《四念處》及《觀心論疏》一致提到：「『常行三昧』**出**《般舟三昧經》。」換言之，智者大師所建立的「常行三昧」，其出處在《般舟三昧經》，並非憑空而立。到了唐代，這樣的說法並沒有改變，如梁肅（753－793）在《刪定止觀》亦說：「『常行三昧』**出**《般舟三昧經》。」

---

❺❺ 《法華經會義》卷 1，CBETA, X32, no. 616, p. 31c13-14。
❺❻ 《楞嚴經勢至圓通章疏鈔》卷 2，CBETA, X16, no. 311, p. 392a7。
❺❼ 《法華經文句纂要》卷 1，CBETA, X29, no. 599, p. 645b10-11。
❺❽ 《法華經大成》卷 1，CBETA, X32, no. 619, p. 375a10。
❺❾ 《四教儀註彙補輔宏記》卷 10，CBETA, X57, no. 980, p. 951a5-6。
❻⓪ 《三藏法數》卷 9，CBETA, B22, no. 117, p. 244b8-9。
❻❶ 《顯揚正法復古集》卷 1，CBETA, B32, no. 184, p. 571a23。

　　北宋時期，知禮（960－1028）所集的《千手眼大悲心咒行法》、智圓（976－1022）所述《維摩經略疏垂裕記・佛國品》、從義（1042－1091）撰《金光明經文句新記》卷四皆言：「『般舟』**即**『常行三昧』。」稍後，法雲（1088－1158）在《翻譯名義集》卷四及法照（1185－1273）在《法華經三大部讀教記》卷十六則說：「『常行三昧』**出**《般舟三昧經》。」與當初智者大師所說相同。南宋時期，宗曉（1151－1214）在《樂邦文類》卷一提到：「《般舟》……『常行三昧』**所準**之經也」，然而宗曉在《四明尊者教行錄》卻又說：「『常行』，**即**『般舟三昧』」，也就是認為「常行三昧」**等於**《般舟三昧經》所教導的「般舟三昧」。可見宋代學者對於「般舟三昧」與「常行三昧」的關係，持有兩種不同的說法。

　　到了元、明、清，古德開始認為「般舟三昧」有一個特定的期限和修行方式。徐行善在《法華經科註》卷一提到：「『般舟』……除睡中最，以九十日常行故。」明末蕅益智旭（1599－1655）在《法華經會義》，以及清朝道霈（1615－1702）在《法華經文句纂要》同樣說道：「『般舟』……九十日中常行，不坐不臥，除睡為最。」此外，清代的大義在《法華經大成》亦認為：「不睡常行，即『般舟』念佛三昧也。」明代蓮池袾宏（1535－1615）在《阿彌陀經疏鈔事義》則言：「『常行三昧』、『般舟』……九十日為期。」換言之，從元至清，已有古德認為「般舟三昧」和「常行三昧」有共同的期限與進行方式——「九十日常行，不坐不臥，除睡為最」。

　　從明代開始，「般舟三昧」與「常行三昧」的關係變得更加密切，大佑（1334－1407）所集《淨土指歸集》卷一云：「『常行三昧』也，梵語『般舟』」；清代續法（1641－1728）所集《楞嚴經勢至圓通章疏鈔》卷二則云：「『般舟三昧』……『常行三昧』**也**。」換言之，「般舟三昧」等同於「常行三昧」。

　　再者，明代如惺在《得遇龍華修證懺儀》卷二言：「『常行三昧』……**亦云**『佛立三昧』。」一如（1352－1425）等集註的《大明三藏法數》卷九、清代性權的《四教儀註彙補輔宏記》卷十、民國丁福保（1874－1952）重校的《三藏法數》卷九、乃至日本江戶時代的普寂（1707－1781）撰寫的《顯揚正法復古集》卷一皆言：「常行三昧」，**亦名**「般舟三昧」，或「常行三昧」，**亦名**「佛立三昧」。這就將「常行三昧」、「般舟三昧」、「佛立三昧」三者視為同義詞了。

　　綜上所述，從隋唐直到民國時代，「常行三昧」與「般舟三昧」兩種不甚相同的修法，其關係愈來愈接近，衍生出以下不同的說法：

　　1.「常行三昧」**出**《般舟三昧經》。

　　2.「常行」**即**「般舟三昧」。

　　3.「般舟三昧」，「常行三昧」**也**。

　　4.「常行三昧」**亦名／亦云**「般舟三昧」。

以上雖有「四種」說法，其實只有「兩種」觀點——1.並沒有把「常行三昧」與「般舟三昧」並列在一起談，而2.、3.、4.則表示「常行三昧」與「般舟三昧」是相同的。將兩者等同

的結果為：依據「常行三昧」修法而念佛的人可會能認為，那就是實踐「般舟三昧」的唯一方式。

「常行三昧」與「般舟三昧」是一，還是異？兩者之間的同異處為何？為了釐清「常行三昧」與「般舟三昧」之間的關係，下文唯有直接找出智者大師引用《般舟三昧經》的經文，並將它與《摩訶止觀》卷二有關「常行三昧」之文脈進行比對。❷

二、「常行三昧」與《般舟三昧經》行法之比較

逐一找出「常行三昧」所引用的經文後，發現智者大師雖提到「常行三昧」**出**《般舟三昧經》，但同時也稍微引用了其他經論。整理起來，則如下表所示：

《般舟三昧經》	《摩訶止觀》			
	「常行三昧」行法			勸修
	身開遮	口說默	意止觀	
1. 問事品				✓
2. 行品	✓	✓		
3. 四事品	✓			
4. 譬喻品				✓
5. 無著品			✓	
6. 四輩品	✓			

❷《摩訶止觀》「常行三昧」所依據的經文應該是支婁迦讖譯的三卷本《般舟三昧經》。本章僅以三卷本做為研究的主要文獻。至於一卷本《般舟三昧經》，雖亦題為支婁迦讖譯，但當今學界對其譯者仍有所保留。對於《般舟三昧經》的譯者問題，詳見於 Paul M. Harrison, *The Samādhi of Direct Encounter with the Buddhas of the Present*, pp. 207-272.

7. 授決品	✓			
8. 擁護品				
9. 羼羅耶佛品				✓
10. 請佛品				
11. 無想品				
12. 十八不共十種力品				
13. 勸助品				✓
14. 獅子意佛品				
15. 至誠佛品	✓			
16. 佛印品			✓	
《文殊師利所說摩訶般若波羅蜜經》		✓		
《十住毘婆沙論》				
1. 入初地品				✓
2. 共行品			✓	
3. 助念佛三昧品			✓	✓
4. 讚戒品	✓			

　　由以上表格可以看出，智者大師並沒有完全引用《般舟三昧經》十六品的內容，只引用了十一品中的部分內容。在此十一品當中，構成「常行三昧」主要架構的尤以〈行品〉的比重最大，接著是〈四事品〉、〈無著品〉、〈四輩品〉及〈授決品〉，這或許是因為《般舟三昧經》的修行方法主要含攝於〈行品〉中。勸修方面則以〈問事品〉及〈譬喻品〉為主。其餘的品目只是稍微被引用而已。除了《般舟三昧經》，智者大師也引用了《十住毘婆沙論》的〈入初地品〉、〈共行品〉、〈讚戒品〉、〈助念佛三昧品〉，但以最後者占絕大部分。

　　另外，《摩訶止觀》所謂：「若唱彌陀，即是唱十方佛，

功德等」❸這段文，在《般舟三昧經》及《十住毘婆沙論》都沒有相符的文句，相信是出自《文殊師利所說摩訶般若波羅蜜經》卷二：「念一佛功德無量無邊，亦與無量諸佛功德無二。」❹

總之，智者大師在《摩訶止觀》引用了《般舟三昧經》、《十住毘婆沙論》與《文殊師利所說摩訶般若波羅蜜經》來建立一套完整的念佛方法——「常行三昧」。自古以來，諸大論師在建立一套完整的修行次第時，必然會廣引諸經論，智者大師也不例外。智者大師在安立「常行三昧」時，引證了二經一論。既然是由諸經論鋪陳而成，其修行次第必然不再相等於或局限於某一經、一論的內容，而是有自己特定的架構與方向。因此，《摩訶止觀》的「常行三昧」是否依然相等於《般舟三昧經》所闡述的「般舟三昧」呢？通過《摩訶止觀》「常行三昧」原文及其所引用經文的比對分析，便可以進一步確定兩者的關係。比對的結果，重要而值得提出的有以下幾項：

在《摩訶止觀》有關「常行三昧」的脈絡中，智者大師從頭到尾只提到「常行三昧」**出**《般舟三昧經》，但沒有提到「常行三昧」**即**「般舟三昧」等類似的說法。可見智者大師清楚自己只是引用《般舟三昧經》相關經文，以架構出一套他認為可

---

❸ 《摩訶止觀》卷 2，CBETA, T46, no. 1911, p. 12b22-23。

❹ 《文殊師利所說摩訶般若波羅蜜經》卷 2：「隨佛方所，端身正向，能於一佛念念相續，即是念中，能見過去、未來、現在諸佛。何以故？念一佛功德無量無邊，亦與無量諸佛功德無二。」（CBETA, T08, no. 232, p. 731b3-6）

行的念佛次第——「常行三昧」。❻

　　另外，《般舟三昧經》本身有一套完整的修行架構，分為三層面：正修法、助道法、速證法。❻相對而言，在《摩訶止觀》的「常行三昧」，其修行架構與《般舟三昧經》顯然有差異，它只引用《般舟三昧經》整體修法的一部分，並加入天台的元素。「常行三昧」注重身、口、意三業的互相配合，強調步步、聲聲、念念唯在阿彌陀佛，這是「常行三昧」的特色，但與「般舟三昧」不同。❻再者，《般舟三昧經》並沒有提到「唱」佛名號，只有「心念」阿彌陀佛，因此是「無聲」地念佛。❻雖然在《十住毘婆沙論・助念佛三昧品》中提到：新發意菩薩應以「十號」妙相念佛❻，但這並非專「唱」阿彌陀佛名號。可見，「唱」阿彌陀佛名號乃是「常行三昧」的另一個特色，與「般舟三昧」不同。

---

❻ 在《摩訶止觀》的前言部分就清楚說道：「此之止觀，天台智者說己心中所行法門。」（見《摩訶止觀》卷1，CBETA, T46, no.1911, p. 1b13）因此，可以說「常行三昧」也是智者大師心中所行法門，引用《般舟三昧經》、《十住毘婆沙論》、《文殊師利所說摩訶般若波羅蜜經》來支持其可行性。

❻ 只是，針對《般舟三昧經》的整體修法，一直沒有被發掘，唯本書第二章第四節第三項〈《般舟三昧經》之修行地圖〉已將之釐清。

❻ 《摩訶止觀》卷2：「九十日『身』常『行』無休息，九十日『口』常『唱』阿彌陀佛名無休息，九十日『心』常『念』阿彌陀佛無休息。」（CBETA, T46, no. 1911, p. 12b18-20）

❻ 《般舟三昧經》卷1：「何因致現在諸佛悉在前立三昧？如是，颰陀和！……持戒完具，獨一處止，心念西方阿彌陀佛今現在。」（CBETA, T13, no. 418, p. 905a5-8）

❻ 《十住毘婆沙論》卷12，CBETA, T26, no. 1521, p. 86a22-23。

在「意修止觀」方面,「常行三昧」先緣三十二相,接著一步步地修習空觀、假觀、中觀。這可以說是「常行三昧」又一個特色,智者大師已將天台空、假、中「三觀」融於「般舟三昧」的修行中。支婁迦讖翻譯的三卷本《般舟三昧經》屬於早期大乘經,其思想基本上屬於「般若空觀」。[70]智者大師安立的「常行三昧」卻能夠將《般舟三昧經》連貫到「空、假、中」三觀,不可不說是智者大師的創見,但與「般舟三昧」不同。

在時間上,《般舟三昧經·行品》提到一日至七日念佛、見佛的方法[71],同時,《般舟三昧經·四事品》也提到三個月的「速證法」──若要快速證得「般舟三昧」,必須實踐四組四事,其中一組四事即:1. 終竟三月,不得念世間想欲

---

[70] Harrison 指出《般舟三昧經》融合了般若與淨土思想。釋印順推斷《般舟三昧經》大約成立於《下品般若》集成之後,而《中品般若》還在成立的過程中。因此,其思想自然著重於般若空觀。無論如何,《般舟三昧經》後來在思想上卻啟發了「唯心所現」的唯識學。經中記載的「今此三界唯是心有。何以故?隨彼心念還自見心。今我從心見佛,我心作佛,我心是佛,我心是如來,我心是我身。我心見佛,心不知心、心不見心。心有想念則成生死,心無想念即是涅槃。」這段文,成為瑜伽行者「三界唯心」、「萬法唯識」說的依據。另外,在觀行上,《般舟三昧經》的「我心作佛」後來也啟發了「佛入我心,我心是佛」的「如來藏」說。(參 Harrison, Paul M, "Buddhānusmṛti in the Pratyutpanna-Buddha-Saṃmukhāvasthita-Samādhi-Sūtra," p. 40;釋印順,《初期大乘佛教之起源與開展》,頁 850-851;《華雨集》第二冊,頁 271-273;《初期大乘佛教之起源與開展》,頁 847)

[71] 《般舟三昧經》卷 1:「若沙門、白衣所聞西方阿彌陀佛剎,當念彼方佛,不得缺戒,一心念,若一晝夜,若七日七夜。過七日以後見阿彌陀佛,於覺不見,於夢中見之。」(CBETA, T13, no. 418, p. 905a14-17)

如彈指頃；2. 三月終竟，不得臥出如彈指頃；3. 終竟三月，行不得休息，除坐食左右；4. 為人說經，不得希望衣食。❷然而，智者大師在《摩訶止觀》只取三個月或九十日做為「常行三昧」的修行期限，例如在闡述「口說默」時提到：「九十日身常行無休息，九十日口常唱阿彌陀佛名無休息，九十日心常念阿彌陀佛無休息。」❸此外，在《般舟三昧經・行品》提到「一切常念阿彌陀佛」這段文，❹在《摩訶止觀》卻寫成「三月常念佛」。❺由此可以看出「九十日」的重要性在《摩訶止觀》被強化，修習「常行三昧」者是必定要閉關三個月的，然而「不得臥出三月」只是《般舟三昧經》的「速證法」而已。由此可見，後人認為：「『般舟三昧』即是九十日常行，不坐不臥，除睡為最」的觀點並不妥當，理應為：「『常行三昧』即是九十日常行，不坐不臥，除睡為最。」

此外，「常行三昧」所引用的一些經文，其出處並非在《般舟三昧經》中，如：「須外護，如母養子」❻實取自《十住毘婆沙論・讚戒品》❼，但《摩訶止觀》並沒有標明。再者，《摩

---

❷　《般舟三昧經》卷 1，CBETA, T13, no. 418, p. 906a12-28。

❸　《摩訶止觀》卷 2，CBETA, T46, no. 1911, p. 12b18-20。

❹　《般舟三昧經》卷 1：「心念西方阿彌陀佛今現在，隨所聞，當念去是間千億萬佛剎，其國名須摩提，在眾菩薩中央說經，一切常念阿彌陀佛。」（CBETA, T13, no. 418, p. 905a7-10）

❺　《摩訶止觀》卷 2：「念西方阿彌陀佛，去此十萬億佛剎，在寶地、寶池、寶樹、寶堂、眾菩薩中央坐說經，三月常念佛。」（CBETA, T46, no. 1911, p. 12b24-27）

❻　《摩訶止觀》卷 2，CBETA, T46, no. 1911, p. 12b9-10。

❼　《十住毘婆沙論》卷 17：「尸羅者，是出家人第一所喜樂處，如年少富

訶止觀》所記載:「須明師,善內、外律,能開除妨障」**㊆**,
而在《般舟三昧經》只是要求修行者恭敬供養善師,但是沒有
明確提到善師「精通內外戒律,並且能開除妨害與障礙」。又,
「須同行,如共涉險」**㊀**這段文,在《般舟三昧經》及《十住
毘婆沙論》中皆找不到其出處,暫時無法確定出自何處。

　　另外,智者大師雖然引用《般舟三昧經》的經文,但偶爾
也對原文做了一些調整,例如《般舟三昧經》只提到觀骨頭的
不同顏色(青、白、赤、黑)**㊁**,而「常行三昧」則提到觀骨
頭「發光」**㊂**。《般舟三昧經·颰羅耶佛品》提到「般舟三昧」
是「菩薩母」、「菩薩眼」**㊃**,在《摩訶止觀》則說「常行三昧」
是「佛母」和「佛眼」。

　　特別值得注意的是,《般舟三昧經·問事品》言:諸功德
最為第一者「現在佛悉在前立三昧」**㊄**,而智者大師在《摩訶
止觀》則說:「常行三昧」於諸功德最為第一。**㊅**智者大師以

貴最可喜樂;能增長善法如慈母養子,能防護衰患如父護子。」(CBETA,
T26, no. 1521, p. 120a9-12)

㊆ 《摩訶止觀》卷 2,CBETA, T46, no. 1911, p. 12b5-6。

㊀ 《摩訶止觀》卷 2,CBETA, T46, no. 1911, p. 12b10。

㊁ 《般舟三昧經》卷 1:「譬如比丘觀死人骨著前,有觀青時,有觀白時,
有觀赤時,有觀黑時。」(CBETA, T13, no. 418, p. 905c9-11)

㊂ 《摩訶止觀》卷 2:「亦如比丘觀骨,骨起種種光。」(CBETA, T46, no.
1911, p. 12c16-17)

㊃ 《般舟三昧經》卷 2:「颰陀和!是三昧者是菩薩眼、諸菩薩母、諸菩薩
所歸仰、諸菩薩所出生。」(CBETA, T13, no. 418, p. 913c24-26)

㊄ 《般舟三昧經》卷 1,CBETA, T13, no. 418, p. 904b20-22。

㊅ 《摩訶止觀》卷 2,CBETA, T46, no. 1911, p. 13a10-11。

「常行三昧」替代「現在佛悉在前立三昧」，是否意味著「常行三昧」相等於「現在佛悉在前立三昧」？未必。經過筆者的考察發現「常行三昧」一詞在《般舟三昧經》、《十住毗婆沙論》、《大智度論》乃至於其他漢譯經典中都不曾出現，只出現「般舟三昧」一詞。甚至在藏譯《般舟三昧經》也只提到「般舟三昧」（pratyutpanna samādhi）或「現在諸佛在面前立的三昧」（pratyutpanna buddha saṃmukhāvasthita samādhi）❽，並沒有與「常行三昧」相對應的藏文。「常行三昧」這個名詞其實是中國專有，乃由智者大師所創，最早採用於《摩訶止觀》。對於「般舟三昧」這音譯詞，智者大師依據此三昧的結果（於定中見十方現在佛在其前立），而將它翻譯為「佛立三昧」，雖不完整但仍可接受。❻但後來的善導大師將「般舟」翻譯為「常行道」，認為：「三業無間故名『般舟』」，則不免遠離了「般舟」原來的意思。❼飛錫或許意識到善導的觀點有誤，所以才說：「凡九十日『常行道』者，只是助『般舟』之緣，將『般舟』翻為『常行道』並沒有將『般舟』真正的意義點

---

❽ 有關《般舟三昧經》經題在漢譯本與藏譯本的差異，請參考 Paul M. Harrison, *The Samādhi of Direct Encounter with the Buddhas of the Present*, pp. 3-5。

❻ 《摩訶止觀》卷2：「能於定中見十方現在佛在其前立，如明眼人清夜觀星，見十方佛亦如是多，故名『佛立三昧』。」（CBETA, T46, no. 1911, p. 12a22-25）

❼ 《依觀經等明般舟三昧行道往生讚》卷1：「梵語名『般舟』，此翻名『常行道』，或七日、九十日身行無間，總名『三業無間』，故名『般舟』也。由前三業無間，心至所感，即佛境現前。正境現時，即身心內悅，故名為樂，亦名『立定見諸佛』也。」（CBETA, T47, no. 1981, p. 448b18-23）

出。」❽簡言之,「般舟三昧」一詞源自於印度傳來的經典,而「常行三昧」一詞則是在中國啟用並流行的。這兩者並非同義詞,將「般舟」漢譯為「常行道」實不準確。因此古德提出「『常行三昧』**亦名**『般舟三昧』」、「『常行三昧』**亦云**『般舟三昧』」的說法難以成立。

三、「常行三昧」與「般舟三昧」之差異

經過比對,可以發現智者大師在《摩訶止觀》中,雖說依據《般舟三昧經》建立「常行三昧」,同時也引用了《十住毘婆沙論》、《文殊師利所說摩訶般若波羅蜜經》。重要的是《般舟三昧經》所教導的「般舟三昧」與智者大師在《摩訶止觀》所建立的「常行三昧」有明顯差異,包括:

1. 「般舟三昧」的整體修法與「常行三昧」的次第有明顯差異。

2. 「般舟三昧」注重「心念」觀想,而「常行三昧」亦強調「口唱」佛名號。

3. 「般舟三昧」以「般若空觀」為本,而「常行三昧」則包涵了天台「空、假、中」三觀。

---

❽《念佛三昧寶王論》卷2:「梵云『般舟』,此云『現前』,謂:『思惟不已,佛現定中』。凡九十日常行道者,助般舟之緣,非正釋其義也。」(CBETA,T47, no. 1967, p. 140a26-28)然而,飛錫將「般舟」翻為漢語「現前」雖是正確,但他將「現前」視為動詞,所謂:「佛現(appears)於定中」,則有誤。那是因為「般舟」,從梵語 pratyutpanna 的角度而言,其實是形容詞,意思是「現前的」(present),而不是動詞(appear)。

4. 在時間上「般舟三昧」並無明顯限制，而「常行三昧」固定「九十日」為期。

5. 智者大師在引用《般舟三昧經》時，有幾處對經文有稍微調整，例如以「常行三昧」替代「現在佛悉在前立三昧」。

根據《般舟三昧經》而言，「般舟三昧」（pratyutpanna samādhi）乃是通過念佛而達到定中見「現在諸佛悉在面前立」的境界，但並沒有嚴格規定一定要「站」著、「坐」著或經「行」，只要心能夠安住於憶念佛即可。無論如何，《般舟三昧經·行品》所記載的「正修法」是以「坐」為主，而「助道法」與「速證法」才提到「經行」。當然，若能夠在不斷經行的過程中，念佛並達到「定中見現在諸佛悉在面前立」的境界，亦可說成就了「般舟三昧」。

另一方面，但從「常行三昧」的字面意義而言，不管修行者的禪修所緣為何，只要採取「常行」的姿勢，基本上都可以稱為「常行三昧」。然而，智者大師在《摩訶止觀》卻引用了《般舟三昧經·四事品》中「三個月不臥不坐，經行不得休息」的念佛方法做為「常行三昧」的一個例子，其所緣境為「阿彌陀佛」。

綜上所述，對於「般舟三昧」與「常行三昧」的關係，不可說：「『常行』**即**『般舟三昧』」，亦不可說：「『般舟三昧』，『常行三昧』**也**」。在時間上，不可說：「『般舟三昧』**屬於**（或**即是**）三月精修之『常行三昧』」。在名詞的意義上，亦不可說：「『常行三昧』**亦名**『般舟三昧』」，因為兩者並非同義詞。了知「常行三昧」與「般舟三昧」之

間的差異後，唯獨採用智者大師原來的說法：「『常行三昧』
出《般舟三昧經》」，但「常行三昧」並不等於「般舟三昧」，
這才是正確的。

通過下圖，可更清楚「般舟三昧」與「常行三昧」的真實
關係：

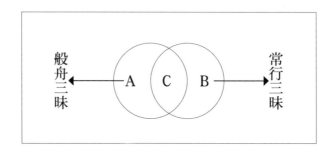

A ＝「般舟三昧」：無論以什麼姿勢念佛，只要能達到定
中見「現在諸佛悉在面前立」的境界即可。

B ＝「常行三昧」：無論以什麼所緣境修止觀，只要維持
單一的姿勢──「行」，即可。

C ＝「般舟三昧」＝「常行三昧」：維持單一的姿勢──
「行」而念佛，並達到「現在諸佛悉在面前立」的境界。這樣
的修法，可稱為「般舟三昧」，亦可稱為「常行三昧」，在此
固且稱之為「常行般舟三昧」。

第三節　智者大師對於「除睡眠」的觀點

　　上文已釐清「般舟三昧」與「常行三昧」的關係，從中看出普遍流行的三個月「常行不眠」的念佛方法，所依據的是「常行三昧」，可說只是《般舟三昧經》整體修法之一隅。將「常行三昧」等同於「般舟三昧」，並非智者大師的本意。依據《摩訶止觀》卷二的記載，「常行三昧」之實踐必須：

〔1〕終竟三月，不得念世間想欲如彈指頃；〔2〕三月終竟，不得臥出如彈指頃；〔3〕終竟三月，行不得休息，除坐食左右；〔4〕為人說經不得希望衣食。❽

顯然，這段文「直接」引用自《般舟三昧經・四事品》之第二組四事。對於如何實際操作之，智者大師並沒有給予清楚的解釋。當「不得臥出如彈指頃」與「行不得休息」這兩組詞合在一起看的時候，確實很容易解讀為「片刻都不得睡眠，只能毫不休息地經行」。然而，智者大師似乎並非如此看待「睡眠」之實踐。在其著述中似乎並沒有主張行者晝夜六時（連中夜）都「不睡眠」的。這一點，從智者大師在《摩訶止觀》提出的「二十五遠方便」可以得到證明。

　　依據《摩訶止觀》卷四，當智者大師述及觀行之「遠、近

---

❽ 《摩訶止觀》卷2，CBETA, T46, no. 1911, p. 12b13-16。

方便」時，提出了二十五遠方便，包括：1. 具五緣、2. 呵五欲、
3. 棄五蓋、4. 調五事、5. 行五法。其中，「棄五蓋」中有「棄
睡眠蓋」，「調五事」中亦有「調眠」，而「行五法」中有「精
進」一項。從這三者合起來分析，便能理解智者大師對「睡眠」
的觀點。

　　首先，智者大師將「睡眠」分為兩個層面去實踐，第一個
層面是「棄睡眠蓋」，第二個層面則是「調眠」。這兩個層面
有何差別？針對「棄睡眠蓋」，智者大師如是解釋：

> 「睡眠蓋」者：心神昏昏為「睡」；六識闇塞、四
> 支倚放為「眠」。「眠」名增心數法，烏闇沈塞，
> 密來覆人，難可防衛；五情無識，猶如死人；但於
> 片息，名為「小死」。若喜眠者，眠則滋多，《薩
> 遮經》云：「若人多睡眠、懈怠妨有得，未得者不
> 得，已得者退失。若欲得勝道，除睡、疑、放逸，
> 精進策諸念，離惡功德集。」《釋論》云：「眠為
> 大闇無所見，日日欺誑奪人明，亦如臨陣白刃間，
> 如共毒蛇同室居，如人被縛將去殺，爾時云何安可
> 眠？」。「眠」之妨禪，其過最重，是為「睡眠
> 蓋」相。❾⓪

智者大師將「睡眠蓋」分為兩部分：1.「睡」偏重心理層面，

---

❾⓪ 《摩訶止觀》卷 4，CBETA, T46, no. 1911, pp. 44c27-45a9。

所謂「心神昏昏」；2.「眠」則包含了生理層面，所謂「四支倚放」。當修行者被「睡眠蓋」降伏時，就像死人般毫無意識。文中舉了一經一論以說明「睡眠」的壞處，認為「睡眠」是妨礙禪定的最重要因素。單單閱讀這段引文，可能會覺得「睡眠」一無是處，因而容易生起「修行應當完全禁止睡眠」的觀點。然，智者大師並非這個意思，他在「調眠」一事中進一步說道：

> 「調眠」者：「眠」是眼食，不可苦節；增於心數，損失功夫，復不可恣。上「訶蓋」中一向除棄，為正入定障故；此中在散心時，從容四大故，各有其意。略而言之，不節、不恣是「調眠」相。**❾❶**

「睡眠」是眼睛的食物，因此不可苦節，否則有損於雙眼。同時，亦不可放縱「睡眠」，否則修行的功夫將會喪失。對於「睡眠」，應當處於中道，所謂「不節、不恣」。這段話，其實是佛在《增壹阿含・力品・第五經》對苦修不眠的阿那律所作的勸誡，智者大師引用之。然而，「調眠」與「棄睡眠蓋」有何差異？智者大師認為「睡眠蓋」是入定的障礙，因此必定要先去除，方能證得禪定；而「調眠」的實踐，主要針對正修禪定以外的「散心」時刻。簡言之，修習止觀而準備入定時，必定要「去除睡眠蓋」；在日常生活中則必須「調眠」。當證得初

---

❾❶ 《摩訶止觀》卷 4，CBETA, T46, no. 1911, p. 47b3-8。

禪或更高的禪定時，五蓋暫時被清除。❷無論如何，修行者不可能長時間入定，或永遠住於定境中（一心的狀態），修行者在入定前或出定後，其實都處於「散心」的狀態，身體多少需要一些睡眠的，因此「不可苦節」。

由上可見，智者大師將「棄睡眠蓋」與「調眠」的界限畫分得很清楚，其中並沒有規定修行者連「中夜」也「不睡眠」。這一點，可以在「棄五蓋」、「調五事」之後的「行五法」中進一步獲得證明。行五法者：欲、精進、念、巧慧、一心。針對「精進」一法，智者大師如是解釋道：

> 精進者：欲界難過，若不精進，不能得出，如叛還本國，界首難度。故《〔大智度〕論云》：「施、戒、忍，世間常法，如：客主之禮，法應供給；見作惡者被治，不敢為罪；或少力故而忍，故不須精進。今欲生般若，要因禪定，必須大精進……。」❸

布施、持戒、忍辱無須大精進仍可成就，但是若欲獲得般若智，必須仰賴禪定，而禪定卻很難證得。原因在於證入初禪（或更高的禪定），必須超越欲界而達到色界。如同一個叛徒想回到自己的國家，最難穿越的就是國與國之間的關口，要從欲界進

---

❷ 《摩訶止觀》卷 4：「初禪若發，此〔五〕蓋棄盡。」（CBETA, T46, no. 1911, p. 46a19）
❸ 《摩訶止觀》卷 4，CBETA, T46, no. 1911, p. 48b3-8。

入色界（禪）亦如是難，非大精進不可。然而，應當如何大精進？此處沒有多作解釋，但智者大師在《修習止觀坐禪法要》與《釋禪波羅蜜次第法門》，針對「行五法」中的「精進」作了如下說明：

著述	精進之意
《修習止觀坐禪法要》	精進：堅持禁戒，棄於五蓋，初夜、後夜專精不廢，譬如鑽火未熱，終不休息，是名精進善道法。❹
《釋禪波羅蜜次第法門》	行者為修禪故，持戒清淨，棄捨五蓋，初夜、後夜專精不廢；譬如鑽火未熱，終不休息，是名精進。如佛告阿難：「諸佛一心勤精進故，得三菩提，何況餘善道法？」❺

精進者應當持戒清淨，棄捨五蓋，「初夜、後夜專精不廢」，修行未成就，終不休息。這一段話恰好將「棄睡眠蓋」、「調眠」、「初夜、後夜」、「不休息」四者連貫起來。換言之，一個精進的修行者在未達到目標之前「終不休息」，但此「不休息」從時間上而言是「初夜、後夜」專精不廢，並非連「中夜」也「不睡眠」，而精進者的工作之一就是去除「睡眠蓋」。

綜觀上述「棄五蓋」、「調五事」、「行五法」三段文脈，可見智者大師將對治睡眠分為兩個層面：1. 修止觀的時候，必須棄除「睡眠蓋」；2. 散心的時候，必須調「睡眠」，不節亦不恣。雖然在「行五法」中的「精進」提到行者在未達

❹《修習止觀坐禪法要》，CBETA, T46, no. 1915, p. 466c11-13。
❺《釋禪波羅蜜次第法門》卷2，CBETA, T46, no. 1916, p. 490c20-23。

修行目標以前「終不休息」，但「終不休息」指的是「初夜、後夜」專精不廢，「中夜」仍然可以讓身體休息。這樣的修行原則，應該是貫穿整部《摩訶止觀》的。❾⑥以這樣的原則返觀「常行三昧」時，我們是否還堅持「常行三昧」之實踐，必定要晝夜六時（連中夜）都「不睡眠」呢？是否還堅持「般舟三昧」之成就，一定要晝夜六時（連中夜）都「不睡眠」呢？值得深思。

第四節　小結

　　三個月中「常行、不臥、不坐」，是普遍流行的「般舟三昧」修持法。在中國，歷來有不少人依此方式修持「般舟」。然而，依《般舟三昧經》的整體修法而言，那不是唯一的途徑。依據《般舟三昧經》諸譯本的記載，念佛、見佛的姿勢可分為三：1. 常行、不臥、不坐；2. 坐；3. 臥。

　　「常行、不臥、不坐」的修持方式，記載於《般舟三昧經》的〈四事品第三〉、〈四輩品第六〉、〈無想品第十一〉，屬於「速證法」與「助道法」。這樣的修持方式，主要是針對出

---

❾⑥ 四種三昧之實踐，須搭配二十五前方便（事修）及十乘觀法（理觀）來進行，才能表現出圓頓止觀「事修‧理觀」雙重奏的模式。換言之，「事修」與「理觀」須同時運行，而不是先「事修」而後「理觀」，反之亦然。（參陳英善，〈天台圓頓止觀「事修‧理觀」雙重奏──以《摩訶止觀》為主〉，頁 175-176）

家菩薩（比丘、比丘尼）而設，對於在家菩薩（優婆塞、優婆夷）並沒有如此規定。

以「坐」姿修持「般舟三昧」的方式，記載於《般舟三昧經》的〈問事品第一〉、〈行品第二〉與〈無著品第五〉。由於〈行品第二〉屬於《般舟三昧經》的核心，闡述「般舟三昧」主要的修行次第，因此「坐」是「正修法」所採用的姿勢。這是慧遠大師的傳承，以及四至六世紀中亞「十方佛觀法」所採用的方式。

另外，修行者若能夠念佛達到一心，亦可能在「睡夢」中見佛，也就是以「臥」姿見佛。無論如何，見佛的直接原因並非「姿勢」，而是：1.佛加持力、2.般舟三昧力、3.本功德力。

當智者大師於《摩訶止觀》建立四種三昧之一——「常行三昧」之後，歷經唐、宋、元、明、清，直到民國時代，後人慢慢地將「常行三昧」等同於「般舟三昧」，認為「常行、不眠、不臥、不坐」是修持「般舟三昧」的唯一途徑。這，不免遠離了智者大師的本意。依據智者大師的觀點，對治「睡眠」分為兩個層面：1.正修止觀時，必須「棄睡眠蓋」，因為「睡眠蓋」不除，不得入定，入定時五蓋盡除；2.散心時，必須「調眠」，不得苦節，亦不得放縱「睡眠」，當處中道。智者大師也指出「精進」者，雖說「未達目標，不得休息」，但只意味著「初夜、後夜」精勤不懈。因此，「中夜」適當地「睡眠」，並不違背「精進」之精神。簡言之，智者大師並不同意連「中夜」也「不睡眠」。後人依「常行三昧」而修「般舟」，注重「不睡眠」的實踐方式，未免遠離了智者大師之真精神。

第六章　結論

　　本書的主題為《般舟三昧經》「除睡眠」之研究。誠如釋惠謙（2001）指出：九十日「常行不眠」為《般舟三昧經》特色，而且此一特色受到中國祖師的重視與強調，所以傳沿至今，只要一提到「般舟三昧」，便認為是九十日「常行不眠」地念佛。然而對於此等觀點，筆者不敢完全苟同。《般舟三昧經》的實踐特色理應是「念現在佛、見現在佛」，而非「不睡眠」。儘管「除睡眠」等詞多次出現於《般舟三昧經》，但這些詞一定是指「不睡眠」嗎？難道只有徹夜「不睡眠」才能達到「般舟三昧」？此為本書探討的核心問題。

　　綜觀早期佛教經論，雖然鼓勵修行者「精進不懈」，但並不主張晝夜六時（連中夜）都「不睡眠」，常說「初夜後夜，不著睡眠，精勤思惟」。然而，這一點在大乘初期的《般舟三昧經》（*Pratyutpanna Samādhi Sūtra*）似乎有了改變。後人普遍認為修持「般舟三昧」（pratyutpanna samādhi）必須九十日「常行、不睡眠」，不少人依之修持，甚至在中國蔚成風氣。九十日完全「不睡眠」可能嗎？儘管理智上認為不可能，但當筆者細讀支婁迦讖所譯的三卷本《般舟三昧經》時，卻發現「除睡眠」、「除睡臥」、「却睡臥」、「棄於睡眠」、「不得臥出」等詞屢屢出現於經文中，共計有十幾處之多，讓人不得不說《般舟三昧經》非常注重「不睡眠」。然而，當筆者爬

梳 Harrison（1998）英譯的《般舟三昧經》時，卻發現「除睡眠」等詞可以有兩種解讀，Harrison 譯之為 eliminating sleepiness（去除睡意）或 ought not to sleep（不應當睡眠）。eliminating sleepiness（去除睡意）可說相當於「去除五蓋中的睡眠蓋」。再讀《般舟三昧經》的異譯本——《賢護分》，確實提到「除睡蓋」。因此，《般舟三昧經》所記載的「除睡眠」等詞，有可能指「除睡蓋」而非「不睡眠」，兩者之間可謂「差之毫釐，失之千里」。到底「除睡蓋」指的是「不睡眠」還是「除睡蓋」？為解答此問題，本書開展了三個階段的考察。

　　第一階段：釐清「除睡眠」在《般舟三昧經》的整體修法中的定位。《般舟三昧經》的整體修法可以分為三個層次：1. 正修法、2. 助道法、3. 速證法。首先，「除睡眠」出現在「助道法」的脈絡底下：《十住毘婆沙論·助念佛三昧品》的「出家六十法」有「除卻睡眠」一項，《般舟三昧經·四輩品》亦規定比丘應當「經行不得懈，不得臥出」，而比丘尼應當「棄於睡眠，不得臥出」。然而，在家優婆塞、優婆夷並無此規定。另外，「除睡眠」亦屬於「速證法」之一，出現在《般舟三昧經·四事品》的第二組四事，所謂「三月不得臥出」。值得注意的是，「正修法」並沒有提到「除睡眠」，只強調成就「般舟三昧」必須具足三因緣：佛威神力、般舟三昧力、本功德力。換言之，「除睡眠」並非成就「般舟三昧」的核心因素。基於出家、在家生活形態之差異，出家眾應當實踐「除睡眠」，而在家眾則無此規定。無論如何，《十住毘婆沙論·助念佛三昧品》的「共修五十法」有「初夜後夜，常修三昧」一項，為出

家、在家共同遵守的項目，並沒有提到「中夜」也「不睡眠」。因此，真正讓修行者能夠於「定中見現在諸佛現前」的核心要素為：1. 佛威神力、2. 般舟三昧力、3. 本功德力。其中，唯有「般舟三昧力」是行者能掌握與提昇的，而且有一定的次第，如下：

持戒完具 ➡ 獨一處止 ➡ 心念佛 ➡ 一心念 ➡ 見佛 ➡ 觀空

　　第二階段：通過漢、藏及現代譯本《般舟三昧經》的比對研究，兼考察「除睡眠」等詞在其他經論的定義，以釐清它們的真實涵義。通過 Harrison（1998）英譯本《般舟三昧經》可知，「除睡眠」等詞可從兩個層面解讀：1. 不得睡眠（ought not to sleep），以及 2. 去除睡意（eliminate sleepiness），而「睡意」可說相當於「睡眠蓋」。這樣的解讀進一步在《賢護分》的譯語中獲得支持。其中，《般舟三昧經・四事品》的「精進除睡臥」，《賢護分・三昧行品》譯作「念勤精進除睡蓋」；《般舟三昧經・四輩品》的「經行不得懈，不得臥出」，在《賢護分・戒行具足》譯作「常當經行，破除睡蓋」。此外，藏譯本更進一步肯定這一點。在《般舟三昧經》的「除睡眠」、「不得臥出」、「除睡臥」、「却睡臥」，在藏譯本的「長行」譯為 rmugs pa daṅ gñid，若在「偈頌」則譯為 gñid。Rmugs pa daṅ gñid 相當於梵語複合詞 styāna-middha，中文應為「惛沈與睡眠」，亦稱作「惛沈睡眠蓋」。相對而言，gñid 相當於

middha，中文應為「睡眠蓋」。接著，考究「除睡眠」、「不得臥出」、「除睡臥」、「卻睡臥」在其他漢譯經典的定義，其結果為：1. 在培育「正念、三昧、慧觀」的經典脈絡中，「除睡眠」意指「除睡眠蓋」；2. 古德指出「不得臥出」、「未嘗睡眠」意為「去除睡眠蓋」；3. 從《般舟三昧經》與《十住毘婆沙論》之比對可知，「卻睡臥」指的是「除睡眠蓋」；4. 在「五蓋」的文脈底下，「睡眠」、「睡臥」、「睡眠蓋」、「惛沈睡眠」、「惛沈睡眠蓋」，五者名異義同。從《般舟三昧經》諸譯本之比對，以及其他漢譯經論之考察，一一皆證明「除睡眠」等詞指的是「除睡眠蓋」，而非完全（連中夜）都「不睡眠」。考察各部派阿毘達磨及注釋文獻對「睡眠」的定義與歸類，可以看出上座部大寺派及無畏山派、說一切有部、瑜伽行派一致認為：應該「除」的，是偏向心理層面的「睡眠蓋」或由「睡眠蓋」引生的睡眠，因為它們是禪定、慧觀的特別障礙（與不善相應）；不應該或無法「斷」的，則是偏向生理層面的睡眠，即：1. 佛與阿羅漢的睡眠，非由煩惱染污而起（與無記相應）；2. 人體基本所需的睡眠，或因勞累、虛弱而生起的睡眠，因為它們有滋潤身體、恢復精神與體力的正面作用（與善或無記相應）。

　　儘管上述文獻考究的結果顯示「除睡眠」等詞指的是「除睡眠蓋」，然而依據釋惠敏（2012）的研究，對治「睡眠蓋」卻有兩個傳統：1. 如《瑜伽論‧聲聞地》所說的「初夜、後夜覺寤瑜伽」，畫間、初夜、後夜去除「睡眠蓋」，中夜右脅而臥，正念正知地養息的「一般」傳統；2. 如《佛說十二頭陀經》

所言，連「中夜」也「脇不著席」，屬於「頭陀苦行」的傳統。陳漢洲（2004）則指出《般舟三昧經》以「頭陀」為行法。因此，《般舟三昧經》的實踐應當屬於連「中夜」也「脇不著席」的傳統。這樣的觀點，是目前普遍被接受的。然而，在《般舟三昧經》似乎看不到說明「頭陀苦行」的文脈，何以如此？所謂「脇不著席」是否等於「不睡眠」？為解決這些問題，必須進入下一個階段的研究。

第三階段：釐清《般舟三昧經》與「頭陀苦行」的關係。通過《般舟三昧經》諸譯本之考察，發現「頭陀」或「苦行」兩個詞並沒有出現在一卷本、三卷本《般舟三昧經》及《拔陂菩薩經》。這三部經只提到「常乞食」、「不受請」、「阿蘭若處住」，而且只規定「比丘」應當受持之。其實單憑這三支，無法真正代表「頭陀苦行」。因此，可以說一卷本、三卷本《般舟三昧經》及《拔陂菩薩經》與「頭陀」並沒有直接關係。直到隋代（595）由闍那崛多譯出的《賢護分》，才出現「頭陀」與「苦行」兩個詞，並且完整記載著「頭陀十二支」之名相。無論如何，《賢護分》同樣只規定比丘應當受持之。換言之，四部漢譯本都只是規定「比丘」菩薩應當實踐「頭陀支」，其他三輩（比丘尼、優婆塞、優婆夷）則無此規定。由此可見，要成就「般舟三昧」不一定要實踐「頭陀行」，「頭陀」僅是比丘菩薩的「助道法」。《般舟三昧經》的「正修法」仍以「戒、定、慧」三學為主，而「頭陀」的功能是「莊嚴戒品」，如《大智度論‧兩不和合品》所言：「十二頭陀不名為戒，能行則戒莊嚴，不能行不犯戒。」另外，《佛說十二頭陀經》所

謂的「脅不著席」（亦名為「常坐不臥」或「不倒單」），並非指「不睡眠」，而是「若欲睡時，脅不著席」，即不採取「躺臥」的姿勢入眠而已。可見，所謂「對治睡眠蓋的兩個傳統」，其實只是在「中夜」以不同的姿勢，正念正知地睡眠養息。簡言之，頭陀者中夜亦睡眠。一旦修行者嘗試連「中夜」都不睡眠時（如尊者二十億耳、阿那律），都會受到世尊的勸誡：「精進不能太甚，否則容易掉舉；亦不能放縱，否則容易懈怠」。總而言之，佛教只有「對治睡眠蓋」的傳統，而沒有「不睡眠」的傳統，「般舟三昧」之實踐應當符合此原則。唯有當「睡眠等五蓋」被去除，修行者才能持續專注於禪修所緣。當修行者證得「一心」之後，「睡眠」**自然**會減少；證得「三昧」之後，甚至可以幾天「不睡眠」。換言之，修行者的首要任務是「除睡眠蓋」，而非「不睡眠」，不宜反其道而行。若有行者非得以九十晝夜「不睡眠」的方式修持「般舟三昧」不可的話，筆者認為只有達到定中見佛（證得般舟三昧）的修行者有資格行之。

即然從文獻比對，從「頭陀苦行」的考究所得結果皆顯示《般舟三昧經》之「除睡眠」指的是「除睡眠蓋」而非「不睡眠」，為何一直以來在中國流行的「般舟」修法都強調三個月「不睡眠、常行、不臥」呢？本書最後一章對「不睡眠、常行、不臥」的「般舟」源流做了考察。依據《般舟三昧經》的記載，可以用兩種姿勢修持「般舟三昧」：1. **坐**：屬於「正修法」所採用的姿勢；2. **行**：以「常行、不臥、不坐」為原則，出現在「速證法」與「助道法」的脈絡中，屬於「出家六十法」，在

家居士並無此規定。在智者大師之前，慧遠大師的傳承、以及四世紀於中亞集出的《思維略要法・十方諸佛觀法》均以「坐」姿修持「般舟三昧」，並沒有強調三月「不睡眠」。在阿富汗與新疆的一些佛教石窟中，確實保留著適合「般舟」行者「坐著」修持「十方諸佛觀法」的窟內設計。當隋朝智者大師在《摩訶止觀》立「常行三昧」時，只說：「『常行三昧』**出**《般舟三昧經》」，然而元、明、清、民國時代卻陸續出現「『常行三昧』**即／亦云／亦名**『般舟三昧』」的說法。由此可見，中國古德逐漸將「常行三昧」**等同於**「般舟三昧」，因而將「常行、不眠、不臥、不坐」做為修持「般舟」的唯一途徑。可是，這一點並非智者大師的原意。依據智者大師的觀點，修行者應當從兩個層次對治「睡眠」：1. 棄睡眠蓋、2. 調眠。正修止觀時，必定要「棄睡眠蓋」，否則無法入定。除了入定或住定以外，在其他散心時刻，修行者則須「調眠」，不能過度節制「睡眠」。智者大師認為：「精進」者是「初夜、後夜專精不廢」。可見，智者大師對於「睡眠」的處理是靈活的，並不主張連「中夜」也「不睡眠」。

　　綜合《般舟三昧經》諸譯本之比對、漢譯經論對「除睡眠」等詞的定義、從「頭陀苦行」的角度檢視「除睡眠」之實踐、世尊對於嘗試「不睡眠」的弟子所作的勸誡、智者大師從兩個層面對治「睡眠」，一一證明《般舟三昧經》之「除睡眠」，指的是「去除睡眠蓋」，而非完全（連中夜）也「不睡眠」。因此，「般舟」行者無須拘泥於「不睡眠」的形式，但若要證得「般舟三昧」，「去除睡眠蓋」卻是必要的。此外，從《般

舟三昧經》整體修法而言，修持「般舟三昧」可以「常行不臥」，亦可「禪坐」，兩者皆是達到定中見佛的途徑。

　　由於筆者各方面的能力有限，此論文仍有許多思考與論述不周之處。例如在文獻應用上，此文仍以漢譯經論與中國祖師著述為主，並未深入探究藏譯經論及西藏祖師對於「般舟三昧」以及「除睡眠」的詮釋與觀點。此外，據說在日本（如比叡山）亦盛行「常行三昧」一法，當地修行者是如何實踐此法、有何次第、如何看待「不睡眠」等？本書礙於日文能力而未能深入。以上兩點均可做為未來繼續補充與深化的部分。在撰寫與論述《般舟三昧經》「除睡眠」的過程中，筆者難免會或多或少夾雜著個人的預設或立場。無論如何，針對「九十日常行、不睡眠」的「般舟三昧」行法，歷來中國古德乃至今日漢傳佛教界，仍有不少人實踐之，本書的撰寫並不是為了指出其修行方式的對與錯，而是單純地為了釐清《般舟三昧經》的整體修法，並釐清經文中模糊的語義。最後，本書抉擇出「般舟三昧」可以有不同的修持方式──「行」或「坐」、「不睡眠」或「除睡眠蓋」，兩者皆可做為筆者或其他「般舟」行者親身實驗的對象。

引用文獻

一、佛教藏經、典籍

本書佛典引用主要是採用「中華電子佛典協會」（Chinese Buddhist Electronic Text Association，簡稱 CBETA）電子佛典集成光碟，2016 年。

《入阿毘達磨論》，唐·玄奘譯，T28, no. 1554。

《十住毘婆沙論》，姚秦·鳩摩羅什譯，T26, no. 1521。

《十誦律》，後秦·弗若多羅譯，T23, no. 1435。

《三藏法數》，民國·丁福保重校，B22, no. 117。

《千手眼大悲心呪行法》，宋·知禮集，T46, no. 1950。

《大方等大集經賢護分》，隋·闍那崛多譯，T13, no. 416。

《大明三藏法數》，明·一如等編，P181, no. 1615。

《大法炬陀羅尼經》，隋·闍那崛多所譯，T21, no. 1340。

《大乘五蘊論》，唐·玄奘譯，T31, no. 1612。

《大乘玄論》，隋·吉藏撰，T45, no. 1853。

《大乘阿毘達磨集論》，唐·玄奘譯，T31, no. 1605。

《大乘義章》，隋·慧遠撰，T44, no. 1851。

《大般若波羅蜜多經》，唐·玄奘譯，T06, no. 220。

《大寶積經》，唐·菩提流志譯，T11, no. 310。

《分別功德論》，失譯，T25, no. 1507。

《文殊師利所說摩訶般若波羅蜜經》，梁·曼陀羅仙譯，T08, no. 232。

《止觀大意》，唐·湛然述，T46, no. 1914。

《止觀輔行傳弘決》，唐·湛然述，T46, no. 1912。

《出三藏記集》，梁·僧祐撰，T55, no. 2145。

《出曜經》，姚秦·竺佛念譯，T04, no. 212。

《四念處》，隋·智顗述，T46, no. 1918。

《四明尊者教行錄》，宋·宗曉編，T46, no. 1937。

《四教義》，隋·智顗撰，T46, no. 1929。

《四教儀註彙補輔宏記》，清·性權記，X57, no. 980。

《成唯識論》，唐·玄奘譯，T31, no. 1585。

《西歸直指》，清·周夢顏輯，X62, no. 1173。

《佛本行集經》，隋·闍那崛多譯，T03, no. 190。

《佛垂般涅槃略說教誡經》，姚秦·鳩摩羅什譯，T12, no. 389。

《佛說十二頭陀經》，劉宋·求那跋陀羅譯，T17, no. 783。

《佛說佛母出生三法藏般若波羅蜜多經》，宋·施護譯，T08, no. 228。

《別譯雜阿含經》，失譯，T02, no. 100。

《刪定止觀》，唐·梁肅述，X55, no. 915。

《妙法蓮華經》，姚秦·鳩摩羅什譯，T09, no. 262。

《依觀經等明般舟三昧行道往生讚》，唐·善導撰，T47, no. 1981。

《往生集》，明·袾宏輯，T51, no. 2072。

《念佛三昧寶王論》，唐·飛錫撰，T47, no. 1967。

《拔陂菩薩經》，失譯，T13, no. 419。

《放光般若經》，西晉‧無羅叉譯，T08, no. 221。

《法華文句記》，唐‧湛然述，T34, no. 1719。

《法華經三大部補注》，宋‧從義撰，X28, no. 586。

《法華經三大部讀教記》，宋‧法照撰，X28, no. 585。

《法華經大成》，清‧大義集，X32, no. 619。

《法華經文句纂要》，清‧道沛纂要，X29, no. 599。

《法華經知音》，明‧如愚撰，X31, no. 608。

《法華經科拾》，清‧智一拾遺，X33, no. 628。

《法華經科註》，元‧徐行善科注，X31, no. 606。

《法華經授手》，清‧智祥集，X32, no. 623。

《法華經會義》，明‧智旭述，X32, no. 616。

《金光明經文句記》，宋‧知禮述，T39, no. 1786。

《金光明經文句新記》，宋‧從義撰，X20, no. 360。

《金光明經玄義順正記》，宋‧從義撰，X20, no. 359。

《長阿含經》，後秦‧佛陀耶舍共竺佛念譯，T01, no. 1。

《阿毘達磨大毘婆沙論》，唐‧玄奘譯，T27, no. 1545。

《阿毘達磨法蘊足論》，唐‧玄奘譯，T26, no. 1537。

《阿毘達磨俱舍論》，唐‧玄奘譯，T29, no. 1558。

《阿毘達磨發智論》，唐‧玄奘譯，T26, no. 1544。

《阿毘達磨集異門足論》，唐‧玄奘譯，T26, no. 1536。

《阿毘達磨順正理論》，唐‧玄奘譯，T29, no. 1562。

《阿彌陀經疏鈔事義》，明‧袾宏述，X22, no. 425。

《思惟略要法》，姚秦‧鳩摩羅什譯，T15, no. 617。

《修習止觀坐禪法要》，隋‧智顗述，T46, no. 1915。

《般舟三昧經》，T13, no. 417。

《般舟三昧經》，後漢・支婁迦讖譯。T13, no. 418。

《高僧傳》，梁・慧皎撰，T50, no. 2059。

《得遇龍華修證懺儀》，明・如惺撰，X74, no. 1488。

《淨土指歸集》，明・大佑集，X61, no. 1154。

《淨名玄論》，隋・吉藏撰，T38, no. 1780。

《眾經目錄》，隋・法經等撰，T55, no. 2146。

《開元釋教錄》，唐・智昇撰，T55, no. 2154。

《新修往生傳》，宋・王古輯撰，X78, no. 1546。

《楞嚴經勢至圓通章疏鈔》，清・續法集，X16, no. 311。

《楞嚴經圓通疏》，明・傳燈疏，X12, no. 281。

《瑜伽師地論》，唐・玄奘譯，T30, no. 1579。

《解脫道論》，梁・僧伽婆羅譯，T32, no. 1648。

《道行般若經》，後漢・支婁迦讖譯，T08, no. 224。

《維摩經略疏垂裕記》，宋・智圓述，T38, no. 1779。

《增壹阿含經》，東晉・瞿曇僧伽提婆，T02, no. 125。

《廣弘明集》，唐・道宣撰，T52, no. 2103。

《摩訶止觀》，隋・智顗述，T46, no. 1911。

《摩訶阿彌陀經衷論》，清・王耕心撰，X22, no. 401。

《摩訶般若波羅蜜經》，姚秦・鳩摩羅什譯，T08, no. 223。

《樂邦文類》，宋・宗曉編，T47, no. 1969A。

《歷代三寶紀》，隋・費長房撰，T49, no. 2034。

《翻譯名義集》，宋・法雲編，T54, no. 2131。

《雜阿含經》，劉宋・求那跋陀羅譯，T02, no. 99。

《雜阿毘曇心論》，宋‧僧伽跋摩等譯，T28, no. 1552。

《離睡經》，西晉‧竺法護譯，T01, no. 47。

《釋禪波羅蜜次第法門》，隋‧智顗述，T46, no. 1916。

《顯揚正法復古集》，江戶‧普寂撰，B32, no. 184。

《顯揚聖教論》，唐‧玄奘譯，T31, no. 1602。

《觀心論疏》，隋‧灌頂撰，T46, no. 1921。

巴利藏經

Aṅguttara-nikāya, Vol. III. Edited by Hardy, Edmund. London: PTS, 1897. (Reprinted 1995)

Dhammasaṅgaṇi. Edited by Müller, Edward. Oxford: PTS, 1885. (Reprinted 2001)

Mahāniddesa. Edited by La Vallée Poussin, Louis de and Thomas, E. Joseph. Oxford: PTS, 1916. (Reprinted 2001)

Majjhima-nikāya, Vol. I. Edited by Trenckner, Vilhelm. Oxford: PTS, 1888. (Reprinted 2009)

Vibhaṅga. Edited by Davids, Rhys. London: PTS, 1904. (Reprinted 1978)

Saddharmapuṇḍarīka-sūtram: Romanized and Revised text of the Bibliotheca Buddhica Publication. Edited by Wogihara, Unrai and Tsuchida, Chikao. Tokyo: Seigo Kenkyūkai, 1934.

Saddharmapuṇḍarīka Manuscripts Found in Gilgit. Edited by Watanabe, Shōkō. Tokyo: Reiyukai, 1972.

二、中日文專書、論文、網路資源

上野俊靜等 1993 《中國佛教史概說》，釋聖嚴譯，臺北：商務印書館。

山田龍城 1988 《梵語佛典導論》，許洋主譯，臺北：華宇出版社。

水野弘元 1964 《パーリ仏教を中心とした仏教の心識論》，東京：ピタカ。（1978 年，改訂版）

水野弘元 2000《巴利論書研究》，釋達和譯，臺北：法鼓文化。

王文顏 1984 《佛典漢譯之研究》，臺北：天華出版社 。

平川彰 1989 《初期大乘仏教の研究》，東京：春秋社。

平川彰 2002 《印度佛教史》，莊崑木譯，臺北：商周出版社。

末木文美士 2001 〈《般舟三昧經》──形成史與思想史若干問題之研究〉，《華林》5，頁 139-148。

朱慶之 2003 〈論佛教對古代漢語詞彙發展演變的影響〉下，《普門學報》16，頁 1-24。

吳立民、徐蓀銘釋譯 1997《般舟三昧經》，高雄：佛光文化。

呂澂 1983 《印度佛教史略》，臺北：新文豐。

阪本（後藤）純子 2006 〈Pāli *thīna-middha* -「惛沈・睡眠」，Amg. *thinagiddhi-/ thīṇaddhi -* と Vedic *mardh/mṛdh*〉，《印度學佛教學研究》108，頁 901-895。

阿姜查 1993 《以法為贈禮》，法園編譯群譯，中壢：圓光出版社。

阿姜查 1994 《寧靜的森林水池》，法園編譯群譯，嘉義：法耘出版社。

帕奧禪師 1999 《如實知見》，高雄：淨心文教基金會。

帕奧禪師 2004 《智慧之光》，高雄：正覺學會。

林隆嗣 2010 〈アバヤギリ派の色法と睡眠色〉，《仏教學》52，頁 19-41。

林隆嗣 2017 〈無畏山派的色法與睡眠色〉，釋洞崧譯，《正觀雜誌》83，頁 163-191。

林純教 1994 《蔵文和訳般舟三昧経》，東京：大東出版社。

曹仕邦 1990 《中國佛教譯經史論集》，臺北：東初出版社。

望月信亨 2004 《中國淨土教理史》，釋印海譯，臺北：嚴寬祜文教基金會。

望月信亨 2004 《淨土教起源及其開展》，釋印海譯，臺北：嚴寬祜文教基金會。

望月信亨 2004 《淨土教概論》，釋印海譯，臺北：嚴寬祜文教基金會。

梁國超 2010 〈初期佛教的睡眠觀：試談「時」與「非時」睡眠之種種〉，《全國佛學論文聯合發表會論文集》21，頁 239-259。

梁國超 2012 〈睡眠與圓滿生命——佛教與印度阿育吠陀對睡眠看法的比較研究〉，《正觀雜誌》61，頁 55-121。

莊春江 1993 《印度佛教思想史概說》，新北：圓明出版社。

莊國彬 2005 〈阿毘達磨七論〉，《法光雜誌》186，頁 2。

陳英善 2004 〈天台圓頓止觀「事修・理觀」雙重奏——以《摩訶止觀》為主〉，《圓光佛學學報》9，頁 175-214。

陳漢洲 2004 《般舟三昧念佛法門及其傳播》，臺北：輔仁大

學宗教學系碩士論文。

陳識仁 2010 〈佛教經典中的睡眠觀〉，《早期中國史研究》2.2，頁 149-184。

楊芳瑋 2008 《智者大師《摩訶止觀》常行三昧之思想及其影響》，臺北：華梵大學東方人文思想研究所碩士論文。

蔡貴亮 2001 《《般舟三昧經》思想之探討》，臺北：華梵大學東方人文思想研究所碩士論文。

賴鵬舉 2007 《北傳佛教的般若學——論大乘佛教的起源》，臺北：臺灣佛教圖像學研究中心。

藤田宏達 2004 《淨土教思想論》，釋印海譯，臺北：嚴寬祜文教基金會。

覺音 2000 《清淨道論》，葉均譯，高雄：正覺學會。

釋印順 1980 《佛法是救世之光》，臺北：正聞出版社。（2000年，新版一刷）

釋印順 1981 《初期大乘佛教之起源與開展》，臺北：正聞出版社。（1994年，七版）

釋印順 1988 《印度佛教思想史》，臺北：正聞出版社。（2016年，修訂版）

釋印順 1993 《華雨集》第二冊，臺北：正聞出版社。（2000年，新版一刷）

釋印順 1994 《成佛之道》（增注本），臺北：正聞出版社。（2010年，新版五刷）

釋厚觀 1989 〈般舟三昧〉，《中華佛學研究所論叢（一）》，臺北：東初出版社。

釋星雲編 1999 《佛教常識》，佛光教科書 7，三重：佛光出版社。

釋惠謙 2001 〈《般舟三昧經》的念佛禪觀啟示〉，《慈光禪學學報》2，頁 45-66。

釋惠敏 2012 〈佛教禪修之對治「睡眠蓋」傳統〉，《東亞的靜坐傳統》，楊儒賓等編，臺北：臺灣大學出版中心。

釋開仁 2010 〈淨治睡眠的禪修傳統〉，《福嚴佛學研究》5，頁 139-176。

釋聖嚴 1988 《禪門囈語》，臺北：東初出版社。

釋聖嚴 2005 《禪的體驗‧禪的開示》，臺北：法鼓文化。

釋聖嚴 2009 《聖嚴法師教話頭禪》，臺北：法鼓文化。

香光尼眾佛學院圖書館網頁，http://www.gaya.org.tw/library/readers/guide-56.htm，2017.10.11。

三、西文專書、論文

Ajahn Chah. 1992. *Food for the Heart*. Ubol Rajathani, Thailand: Saṅgha, Wat Pah Nanachat.

Bhagat, Mansukh G. 1976. *Ancient Indian Asceticism*. New Delhi: Munshiram Manoharlal.

Gethin, Rupert. 2017. "Body, Mind and Sleepiness: On the Abhidharma understanding of *styāna* and *middha*." *Journal of the International College for Postgraduate Buddhist Studies* XXI (Professor Junkichi Imanishi Felicitation Volume on the Occasion of His Retirement), pp. 254-216.

Harrison, Paul M. & McRae, J. R. 1998. *The Pratyutpanna Samādhi Sutra. The Śūraṅgama Samādhi Sutra.* Berkeley, CA: Numata Center.

Harrison, Paul M. 1978a. "Buddhānusmṛti in the Pratyutpanna-Buddha-Saṃmukhāvasthita-Samādhi-Sūtra". *Journal of Indian Philosophy*, 6.1, pp. 35-57.

Harrison, Paul M. 1978b. *The Tibetan text of the Pratyutpanna-Buddha- Saṃmukhāvasthita-Samādhi-Sūtra.* Tokyo: Reiyukai Library.

Harrison, Paul M. 1990. *The Samādhi of Direct Encounter with the Buddhas of the Present : An Annotated English Translation of the Tibetan Version of the Pratyutpanna-Buddha-Saṃmukhāvasthita-Samādhi-Sūtra.* Tokyo: International Institute for Buddhist Studies.

Kern, Hendrik, trans. 1884. *Saddharma-Puṇḍarīka or The Lotus of the True Law.* In Sacred Books of the East, Vol. XXI. Edited by Müller, F. Max. 1965. Delhi: Motilal Banarsidass.

Lancaster, Lewis R. 1979. *The Korean Buddhist Canon: A Descriptive Catalogue.* Los Angeles: University of California Press.

Nattier, Jan. 2008. *A Guide to the Earliest Chinese Buddhist Translations: Texts from the Eastern Han* 東漢 *and Three Kingdoms* 三國 *Periods.* Tokyo: International Research Institute for Advanced Buddhology, Soka University.

Tiyavanich, Kamala. 1997. *Forest Recollections: Wandering Monks in Twentieth- Century Thailand.* Honolulu: University of Hawai'i Press.

Tripathi, Rama S. 1942. *History of Ancient India.* Delhi: Motilal Banarsidass.

Williams, Paul.1989. *Mahāyāna Buddhism: The Doctrinal Foundations.* New York: Routledge. (2009, 2nd ed)